レプタリアンの逆襲 I

地球の侵略者か守護神か

大川隆法

本リーディングは、2010年7月13日、幸福の科学総合本部にて、
質問者との対話形式で公開収録された。

『レプタリアンの逆襲Ⅰ・Ⅱ』まえがき

以前から地球には、宇宙からの来訪者がいるということ、その中には「レプタリアン」と分類される爬虫類類似《はちゅうるいるいじ》の獰猛《どうもう》な種族がいて、危険性があることなどが、いろんな研究者によって伝えられていた。また現在、宇宙人からの通信と称するスピリチュアル・メッセージも欧米や日本にも出回っている。玉石混交《ぎょくせきこんこう》の内容だろう。

私も仕事の一ジャンルとして宇宙人ものを出し続けているが、本書『レプタリアンの逆襲』の一巻と二巻は、「宇宙人リーディング」という新しい秘術によって知りえた事実、とりわけ「レプタリアン」と称されているものを中心にまとめたものである。「逆襲《ぎゃくしゅう》」とは、『先入観《せんにゅうかん》』に対する『反論《はんろん》』ぐらいの意味で用いた言葉である。著者も寡聞《かぶん》にして、これほど詳細《しょうさい》かつ、宏大無辺な宇宙人リーディングの存在は知らない。超能力による宇宙人の生態研究の先駆《さきが》けとなれば幸いである。

二〇一一年　五月二十六日

幸福《こうふく》の科学《かがく》グループ創始者兼総裁《そうししゃけんそうさい》　大川隆法《おおかわりゅうほう》

レプタリアンの逆襲Ⅰ　目次

第1章　「帝王《ていおう》」と称《しょう》する最強のゼータ星人

第2章　「地球の守護神」のアルタイル星人

第3章　水陸両用の温和なレプタリアン

「宇宙人リーディング」とは、地球に転生《てんしょう》してきた宇宙人の魂《たましい》の記憶《きおく》を読み取ることである。あるいは、宇宙人当時の記憶を引き出してきて、その意識で語らせることもできる。その際、宇宙人の霊《れい》は、霊言《れいげん》現象を行う者の言語《げんご》中枢《ちゅうすう》から必要な言葉を選び出し、日本語で語ることも可能である。

第1章

「帝《てい》王《おう》」と称《しょう》する最強のゼータ星人

［二〇一〇年七月十三日収録］

マゼラン星雲ゼータ星人

ゼータ星には、プテラノドン（翼竜《よくりゅう》）型など、何種類かのレプタリアン（爬《は》虫類《ちゅうるい》型宇宙人）がいる。本章に登場するゼータ星人はキングコング型。彼らの多くは、地球の進化・発展に協力しているとされるが、地球上で覇《は》を競《きそ》っている者たちもいる。『「宇宙の法」入門』『宇宙人との対話』（共に大川隆法著、幸福の科学出版刊）参照。

［対象者（男性）はＡと表記］
［質問者二名は、それぞれＤ・Ｅと表記］

レプタリアンが最大勢力である理由を解明したい

大川隆法　幸福の科学の信者のみなさんには、すでに予告していましたので（二〇一〇年六月二十日「『景気回復法』講義」質疑応答にて）、「レプタリアンの逆襲《ぎゃくしゅう》」と題して収録をしたいと思います。

地球に来ている宇宙人のなかに、レプタリアンは三割ぐらいいると言われていて、最大勢力らしいのですが、「どんな種類がいて、どんな考え方を持っているのか」など、その生態はまだ十分に解明されていません。

レプタリアンは、一般《いっぱん》に嫌《きら》われる傾向《けいこう》が強いのですが、本心は違《ちが》うかもしれず、信仰心《しんこうしん》に溢《あふ》れたレプタリアンや、お金儲《もう》けのうまいレプタリアン、出来《でき》の悪い人を排除《はいじょ》するレプタリアンなど、いろいろな種類があるかもしれません。

彼らにも何か言い分があるだろうと思うので、単に、肉食動物のような感じで捉《とら》えるのではなく、彼らが最大勢力である理由をもう少し解明して、今後の勉強に役立てたいと思います。

これから十人余りの職員を調べてみます。私は事前にチェックをしていないので、おそらく外れの場合もかなりあるはずですし、レプタリアン以外の宇宙人が出てくる可能性もありますが、その場合はなるべく省略していきたいと思います。

レプタリアン系の人は、一般的な傾向として精神統一能力が低いので、本人による霊言《れいげん》はできない可能性が高いと思われます。そのため、たいていの場合は、私のほうに入れて行うことになると思います。

（Aに）何か神妙《しんみょう》な感じになってしまって、申し訳ないですね。

私のほうに入れる場合、普段《ふだん》は私の意識ははっきりしているのですが、今回は主観が入らないように、できるだけ大川隆法としての意識を薄《うす》くして、ありのままのものを出していこうと思います。

そうすると、かなり極端《きょくたん》なことを言う可能性が出てきますが、そのほうが面白《おもしろ》いと思いますので、エンジョイしてくださいね（会場笑）。

ただ、それは、あくまでも、「昔、地球に来たときの魂《たましい》の本性《ほんしょう》というか、本質が現象化したら、このようになる」ということであって、傾向性だけは共通しているかもしれませんが、今の本人の表面意識は、文化や教育によってだいぶ洗練されており、地球人としてかなり教養を積んでいます。

対話形式で行うので、おそらく私のほうに入れることになると思います。質問者を二人用意しておきましたが、ご本人も質問に参加されて結構です。

今日は、主として、リエント・アール・クラウド［注1］とエドガー・ケイシー［注2］に支援霊《しえんれい》として参加をお願いしようと思います。

レプタリアンの魂《たましい》を招霊《しょうれい》する

（Aに）では、名誉《めいよ》あるトップバッターです。まことに恐縮《きょうしゅく》です。まずは、調べさせていただきますので、よろしくお願いします。（Aに両手をかざす。約15秒間の沈黙《ちんもく》）

うーん、そうですね。そのようですね、はい。
霊言ができると思いますか。トライしてみます？

A――　できるかどうか分かりませんが、やってみます。

大川隆法　それでは、トライしてみましょうか。精舎《しょうじゃ》の館長をしたこともあるので、もしかしたら霊言ができるかもしれません。

はい。では、呼吸を調えてください。（Aが深呼吸を数回行う）

この者のなかに住みたる宇宙人の魂《たましい》よ。この者のなかに住みたる宇宙人の魂よ。もし、表面意識に出てくることができるならば、合掌《がっしょう》している手で、それを合図してください。もし、表面意識に浮《う》いてくることができないなら、合掌を解いてください。出てくることができるなら、合掌している手で合図をしてください。出て

くることができないなら、合掌を解いてください。（約50秒間の沈黙）

はい、分かりました。私のほうに呼んでみます。古い魂だと、かたちがなくなっていて、はっきりしないことがありますが、それは、どの程度の年代の魂であるかにもよります。（手を交差させ、胸に当てる）

目の前にいる方の心の奥底《おくそこ》に住んでいる宇宙の魂よ。目の前にいる方の心の奥底に住んでいる宇宙の魂よ。どうか、大川隆法に移りて、その思いを、言葉にして表してください。（約35秒間の沈黙）

D――　それでは、質問をさせていただいてよろしいでしょうか。

ゼータ星人　何だか失礼なやり方だなあ。

D――　どのようなところが失礼でございますか。

ゼータ星人　どうして俺《おれ》が筆頭なんだよ。ん？

D――　はい？

ゼータ星人　なぜ、わしが筆頭に呼ばれたんだ？

D――　政党の党首であり（当時）、昨日《きのう》、政治のほうも決着がつきましたので。

ゼータ星人　ああ、そうかあ。尊敬の意味を込《こ》めて呼んだんだな？

D――　そうですね。

ゼータ星人　うん。なるほど。まあ、それならいい。それなら分かる。

D――　今、いちばん〝旬《しゅん》〟の方《かた》でございますので。

ゼータ星人　ああ、なるほど。「時の人」という意味で呼んだんだな？

D――　「時の人」でございますね。

ゼータ星人　ふんふん。分かる分かる。うんうん。

マゼラン星雲ゼータ星はレプタリアンの本流中の本流

D――　これから、幾《いく》つか、質問させていただきたいと思うのですが、どのようにお呼びしたらよろしいでしょうか。

ゼータ星人　ああ、私のこと？

D――　はい。

ゼータ星人　まあ、それはだなあ、うーん。「帝王《ていおう》」と呼んでくれると、いちばんうれしいなあ。

D――　帝王ですか。

ゼータ星人　ああ。

D――　では、帝王殿《どの》は、どのような星から来られたのでしょうか。

ゼータ星人　うーん。それは君、マゼラン星雲のゼータ星からだよ。

D――　ゼータ星からですか。

ゼータ星人　ずばり、それはもう本家本元だな。レプタリアンの中心星《ちゅうしんせい》からやって来た。

D――　なるほど。レプタリアンの中心はゼータ星と考えてよいのでしょうか。

ゼータ星人　ああ、ゼータ星だな。うん。これは最大中心勢力だな。

D——　そうですか。

ゼータ星人　本流中の本流だな。

D——　本流中の本流？

ゼータ星人　まあ、エリート中のエリートだ。レプタリアンのエリートと言えば、ここしかないな。あとは傍流《ぼうりゅう》だ。

D——　傍流ですか。

ゼータ星人　あとは傍流だ。その他の、かたちだけちょっと似ているぐらいの傍流がいて、だいたい島流しにあった連中、つまりエグザイル（exile 国外追放）された者たちが、ほかの星に住んでいるんだ。

D――　はい。

ゼータ星人　この星は競争が非常に激しいのでな。だいたい、弱いやつは、みな追い出されてしまうんだよ。だから、みな亡命していって、ほかの星に流れ着いて、弱い者同士で集まって生きているんだな。

D――　それでは、残った者が本物のレプタリアンということですか。

ゼータ星人　最強の者しか残らないんだ。

D――　そうですか。

ゼータ星人　うん。

　ゼータ星からの第一陣《じん》はほとんど絶滅《ぜつめつ》した

D――　あなたは、いつごろ地球に来られたのでしょうか。

ゼータ星人　うん？　私？

D――　はい。

ゼータ星人　うーん、私はねえ、うーん……。地球の年代で言うと、どのくらいになるんだろうなあ……。

　いや、〝リクルート〟されたのは、そんなに昔ではないんだよ。

D――　はい。

ゼータ星人　だから、初期に来た人たち［注3］は、ほとんど絶滅《ぜつめつ》したからな。

D――　絶滅ですか。

ゼータ星人　ああ。ずーっと昔に、最初の第一軍団で来た人たちは、実は、恐竜《きょうりゅう》に食べられたりして、ほとんどやられたんだよ。

D――　あなたがたは、恐竜ではなかったのですか。

ゼータ星人　いや、恐竜じゃないんだよ。われわれは人類なんだよ。

D――　そうですか。

ゼータ星人　最初期の人たちは、恐竜がはびこっていた時代に来たんでね。だから、恐竜に負けないぐらいの強靱《きょうじん》な体力と精神力を持った人間を宇宙から呼ぼうとしたのが、最初の人たちなんだけれども、恐竜に対抗《たいこう》できると思って呼んだのに、弱くて、ほとんどが食べられちゃったのさ。

D――　ああ、そうなんですか。

ゼータ星人　そうなんだよ。だから、その後、何陣《じん》も来て、恐竜が絶滅してからあとは、われらも安心して住めるようになったんだ。

D―― そうなんですか。あなたは、恐竜がいたころに来られたのですか。

ゼータ星人 いやいや、それは昔話さ。

D―― そうですか。

ゼータ星人 それは昔話で、われらの星の図書館に、ちゃんと記録が全部残っていて、地球に来る前に、それを全部学習することになっているんだ。

D―― では、具体的には、何万年前とか……。

ゼータ星人 私？ 私？

D――　はい。

ゼータ星人　私はエリートだからね。エリートだから、やはり、いちばんいいときに呼ばれないとおかしいじゃないか。な？

D――　いちばんいいときと言いますと？

ゼータ星人　まあ……、だから、いちばんいいときだよな。いちばんいいときというのはだなあ、まあ、活躍《かつやく》しがいのあるときかなあ。

D――　はい。

ゼータ星人　だからまあ、地球の危機を救うために来たウルトラマンみたいなものなんだよ、言ってみればな。

D―― はい。

ゼータ星人 だから、ちょうどあのころなんだよ。えーと、ムーの前の文明だな。

D―― ムーの前の文明。

ゼータ星人 ムーよりも、ちょっと古いなあ。もうちょっと古い文明があったと思うんだよな。そのころに、けっこう超能力《ちょうのうりょく》が流行《はや》った文明があったと私は記憶《きおく》している。

D―― ミュートラム文明［注4］ですか。

ゼータ星人　ああそうだ。君、よく勉強しているんだな。

D――　はい。私が地球に来たのも、そのころではなかったかと思います。（注。Dは、以前の霊査で、木星の衛星エウロパから来た宇宙人と判定された。『宇宙からの使者』〔幸福の科学出版刊〕第1章参照。）

私の姿は全長五メートルのキングコング

ゼータ星人　あんたも仲間だったか？

D――　いえ、仲間かどうかは分かりません。

ゼータ星人　あんたとは戦ったかなあ。

D―― あなたが人間を食べていたのであれば、可能性はございます。人間を食べましたか。

ゼータ星人 いや、そこに巨人族《きょじんぞく》がいたのを覚えている。

D―― はい。

ゼータ星人 巨人族がいたし、今から見れば、怪物《かいぶつ》と思えるようなものがかなりいた。三つ目もいたしなあ。すごく大きな体をしているやつとか、腕《うで》が四本あるやつとか、たくさんいたので、こういうものとの戦いはそうとうあったなあ。

D―― ああ。

ゼータ星人　こういう「化け物」たちを退治する仕事をしていたんだ。

D――　あなたは、どんな体をしていたのですか。

ゼータ星人　私？

D――　はい。

ゼータ星人　私はですねえ、まあ、私はもちろんジェントルマンだからね、だから、基本的には、まあ、キングコングを人間に近づけたような体をしていた（会場笑）。

D――　周りの化け物と、あまり変わらなかったということですか。

ゼータ星人　というか、化け物より強かった。

D——　化け物より強かったんですか。

ゼータ星人　そういうことではあるんだが、全長は、まあ、キングコングほどはなくて、もうちょっと人間に近いものだ。

キングコングは全長が二十メートルもあるだろう？

D——　はい。

ゼータ星人　私は二十メートルはないよ。二十メートルもあったら、恐竜に近いよな。

Ｄ――　ええ。

ゼータ星人　恐竜は、もうだいたい滅《ほろ》びていた。それらしいものが、まだ少しはいたけどな。恐竜の主《おも》だったものはもういなくなっていたんだ。

すでに私のご先祖が戦って、かなり滅ぼしたり滅ぼされたりしていたので、私のころは、まあ、竜《りゅう》とかは少し生き残っていたけれども、恐竜は少なくなっていた。だから、そんなに大きな体は必要がないということで、もうちょっと小さなサイズにしようとしたんだ。

地球の重力は大きすぎるので、あまり体が大きいと重くて動けなくなるんですよ。だから、限界値はこのあたりかなということで、だいたい全長五メートルぐらいの……。

「ゼータ星人(キングコング型)」想像図

D――　五メートル？　大きいですね。

ゼータ星人　五メートルのキングコングですね。それが、私が地球に来たときの姿です。

D――　それは、今で言えば、何というタイプですか。爬虫類《はちゅうるい》型とか、いろいろありますが。

ゼータ星人　帝王型っていうんです。

D――　はい？

ゼータ星人　帝王型。

D――帝王型ですか。

ペットのビッグフットを乗り物として使っていた

ゼータ星人 ほかに、トカゲ型、イモリ型、ヘビ型、それから、恐竜型とか、空を飛ぶ鳥類に似た型とか、いろいろな型がいるけれども、まあ、それらはだいたい手下であって……。

D――手下だった?

ゼータ星人 手下であって、最強のエリートはキングコング型だ。

D――キングコング型というのは、いわゆるビッグフットではないのですか。

ゼータ星人　いや、ビッグフットというのは、君ねえ、あれは亜流《ありゅう》なんだよ。君、何ということを……。

D――　亜流なんですか。

ゼータ星人　うん、亜流なんだよ。あれはペットなんだよ。

D――　ペットなんですか。

ゼータ星人　うん、ペット。あれはペットなんだよ。だから、乗り物に近いんだよ。

D――　乗り物ですか。

ゼータ星人　うんうん。だから、ビッグフットは一種の乗り物なんだよ。駕籠《かご》みたいなもんだ。

D――　はい。

ゼータ星人　人類であるわれわれは、ビッグフットの背中にまたがって、それを車代わりに使っていた。だから、あれは乗り物なんだよ。

D――　ああ、そうですか。

ゼータ星人　うん。ペットなんだ。餌《えさ》をずいぶん食うので大変だったけどな。大量の魚を与《あた》えないと生きていけないのでね。

他のレプタリアンや人間も食べていた

D――　あなたは何を食べていたのですか。

ゼータ星人　私？　私はね、哺乳類《ほにゅうるい》でないと、どうも口に合わないんだよ。

D――　哺乳類？　どんな動物を食べていたのですか。

ゼータ星人　だから哺乳類……。君、それを言わせたいのか。

D――　これは、いちおう歴史的にも重要なことなので。

ゼータ星人　まあ、仲間も食うけどな。

D―― 仲間も食べる？

ゼータ星人 だから、まあ、帝王だからね。

D―― ああ、そうですか。では、一緒《いっしょ》に来た方々は、みな食べてしまったのですか。

ゼータ星人 私は〝レプタリアン種の帝王科〟なんだよ。キング・オブ・キングズなんですよ。レプタリアンの「王のなかの王」であり、まあ、一種の王家なんだよ。

D―― では、レプタリアンを食べていたということですね。

ゼータ星人　要するに、処刑《しょけい》するときに食べるんだ。

D――　処刑して食べた？

ゼータ星人　まあ、レプタリアンでも出来の悪いのがいっぱいいるじゃないか。

D――　はい。

ゼータ星人　仕事で失敗したやつ、それから、恐竜退治で失敗したり、人間に負けたり、他部族と戦争して負けたりしたやつとか。

D――　それを食べちゃうと。

ゼータ星人 ああ、食べる。そういうのを、だいたい食料に変えるんだ。

D―― まさか人間は食べていないでしょうね。

ゼータ星人 食べましたよ。この間、食べ……。

D―― 食べた?

ゼータ星人 うん。だけど、人間は小さくてね、デザートぐらいにしかならない。

D―― なぜ、人間を食べたのでしょうか。

ゼータ星人 だって、人間はねえ……、だからデザートなんだよ。

D――　デザート？

ゼータ星人　あのねえ、人間は柔《やわ》らかくってね、あんまり歯にも〝はさからない〟んだよ。

D――　はあ。

ゼータ星人　人間ぐらいだと、ぷちゅっと、あの……。

D――　ぷちゅっと？

ゼータ星人　まあ、今で言やあ、カエルを食べるようなものかなあ。

D――　カエルを食べるようなものですか。

ゼータ星人　うんうん。

D――　やはり、かなり食べたのですか。

ゼータ星人　ヒキガエルを食べるようなもので……。

D――　一日の食事量は、どのくらいですか。

ゼータ星人　あ？　一日に、まあ五百キロぐらい食べたかな。

D――　五百キロも食べた？

ゼータ星人　うん。だから、そうだな、六十キロぐらいの人間なら、まあ、八匹《ぴき》ぐらいかな。

D――　一日に八人食べる？

ゼータ星人　そのくらいかな。

D――　はあ。

ゼータ星人　そのくらい食べないと、もたないんだよ。もっと大きいサイズのものだったら、もうちょっと少なくてもいいけどね。

私は「ゼータ星のジャック・ウェルチ」

D――　あなたが地球に来られた目的は何だったのでしょうか。

ゼータ星人　地球に来た目的はね、悪いものがだいぶはびこっているということであったので、それを殲滅《せんめつ》してだね、よい種族だけを残すということだ。

適者生存というか、「悪しき遺伝子を地球から駆除《くじょ》して、将来性のある、未来性のある生き物だけを残す」という、そういう選別を任されていたんだ。だから、私は、「ゼータ星のジャック・ウェルチ」なんだよ。

D――　ジャック・ウェルチですか。

ゼータ星人　うん。だから、出来の悪いやつを、ちょっと間引《まび》くのが仕事なんだ。

D――　もしかすると、地球でレプタリアン種の割合が増えた理由は、帝王のあなたにあるということですか。

ゼータ星人　いや、レプタリアンが増えた理由は、強いからだよ。

D――　他の種族を食べてしまったんですね。

ゼータ星人　うん。食べられたほかのものは、〝ヘビ〟とかだろ？　それは当然じゃないか。

D――　あなたの意図としては、地球にもともといた人たちを、どうしようと思われていたのですか。

ゼータ星人　もとから地球にいた人でも、筋のよくないやつは、やはり滅ぼさなければいけない。

D――　地球人も？

ゼータ星人　うん。地球人も、ちょっと間引きは必要だった。

D――　ただ、地球は魂修行の場であるのですが……。

ゼータ星人　うーん。ただね、適正な競争っていうのはあるんだな。例えば、池のなかの鯉《こい》でも、数が多くなりすぎたら住めなくなるじゃないか。な？　池の大きさに応じて、住める鯉の数というのがあるじゃないか。

だから、食料の総量から見てだな、生き延びられる種類と数というのが、やはりあるからな。だから、不良なものをちょっと除く必要がある。

悪い思想を持つ者を駆除《くじょ》するのが私の仕事

D――　地球は、これから人口が増えていきますが、どうすればよいでしょうか。

ゼータ星人　今、食料が大量に増えているんだよ。

D――　食料が増えている？

ゼータ星人　ええ。大量の食料が、今、増産中だ。

D――　それはどういう食料ですか。

ゼータ星人　人間だよ。

D——　人間？

ゼータ星人　うん。今、人間が大量に増えているので……。

D——　人間を食べようとしているんですか。それでは、これから……。

ゼータ星人　まもなく、レプタリアンの大量移住が可能になる。

D——　地球に移住しようとしているのですか。

ゼータ星人　うん。地球に大量に来れるようになる。

D――　ちょっと待ってください。あなたは、今、エル・カンターレの下《もと》で弟子《でし》となり、教団の幹部もされているわけですよね。

ゼータ星人　あ、あ、そうだね。だから、私はもう、完全に帰依《きえ》しているんだよ。だから、エル・カンターレ系文明が生き延びられるように、悪しき文明のもとになるものを駆除《くじょ》するのが仕事なんです。

D――　そうですよね。

ゼータ星人　ですから、これからレプタリアンもお呼びして……。

D――　まだ呼ぶのですか。

ゼータ星人　ええ。もうすでに、だいぶ来ていますけれども、これから、それをちょっと駆除する仕事をしなければいけないので。

D――　レプタリアンを駆除すると？

ゼータ星人　レプタリアンを駆除するんじゃなくて、増殖《ぞうしょく》した人類のうち、悪い思想を頭にインプットしている連中を、やはり間引かなければいけないと。

D――　ちょっと疑問があるんですけれども、食べられた人は、その後、どうなるのですか。霊界《れいかい》に行くんですか。

ゼータ星人　食べた人？　食べた人は、まあ……。

D――　魂は？

ゼータ星人　魂は残りますけれども、ただ、地上での数が減るということはだね、やはり、生まれ変わりを重ねるうちに、地上での生存数もだんだん少なくなってくるわな。

あの世に還《かえ》った魂が、一定の数、溜《た》まってきて、要するに、「地球に住むに値《あたい》しない」とまで判定された場合には、地球よりも、もうちょっと環境《かんきょう》の苛酷《かこく》な星に送り込んで、そこで修行をもう一回やらせるわけです。

D――　なるほど。

ゼータ星人　だから、「もうちょっと厳しい環境下で、ご修行ください」と。地球で言うと、生存がかなり厳しかった時代とか、食料事情が厳しくて大変な時代とか、あるいは、戦乱で本当に厳しい時代とかがあるけれども、そういう環境の星に投入して、そちらに生まれ変わりをさせるという感じかな。うん。

D――　なるほど。

ムー帝国《ていこく》内での勢力争いの結果、「外護者《げごしゃ》」になった

D――　話は変わりますが、前回の宇宙人リーディングで、「ラ・ムー様［注５］の時代に、レプタリアンとの戦いがあった」という話が出ています（『宇宙からの使者』第４章参照）。

あなたは、ラ・ムー様の時代の少し前に地球に来られたということですが、そのときは、どちらに与《くみ》しておられたのでしょうか。

ゼータ星人　君は、きついところを訊《き》いてくるなあ。

D――　（笑）

ゼータ星人　うーん。いやあ……。

D――　ベガ［注6］と組んでいましたか。それとも、プレアデス［注7］と組んでいましたか。

ゼータ星人　うーん、君。きついところを訊いてくるなあ。おまえは、「言葉に角《かど》がある」と、いつも言われるだろう？　嫌《いや》なことを言うなあ。言質《げんち》を取られたら、あとに証拠《しょうこ》が残るからなあ。

まあ、うーん……。いやねえ、ラ・ムーは心の広い人だったからね、レプタリアンの優秀《ゆうしゅう》なところを知っていたんだよ。レプタリアンが「進化の神」であり、優勝劣敗《れっぱい》の自由競争社会の覇者《はしゃ》であることは、よく知っていたんだ。

だから、ラ・ムーは、優秀なレプタリアンで帰依する心のある者については、もちろん残す気はあったわけだよ。「弟子として取れるレプタリアンは保護しよう」と考えていて、「ほかの人たちとの調和を乱すと思われる悪性のレプタリアンについては、ちょっと隔離《かくり》政策を取ろう」という考えを持っていたようではあるね。

まあ、確かに、その時代には、ほかの宇宙人もそうとう介入《かいにゅう》してきていて、戦いは起きていたわけだよ。

そのときに、あんたもいたような気がする。

D――　私は、あなたとは味方同士でしたか。

ゼータ星人　いやあ、何か、君は僕《ぼく》に槍《やり》を投げなかったか。

D――　（笑）首を刺《さ》しましたか。

ゼータ星人　首？　いや、首を刺された覚えはないけど、左の腿《もも》を刺されたような気がする。

D――　あなたと戦いましたか。

ゼータ星人　うん。君は槍投げをするんだよな。

D――　それが得意だったみたいです。

ゼータ星人　それで、腿を刺されたような気がするな。何かびっこを引いて逃《に》げた感じがする。

Ｄ――（笑）

ゼータ星人　そういう記憶がちょっとあるんだがなあ。帝王に向かって、槍を投げよったような気がするんだ。

Ｄ――　その縁《えん》で、今、一緒に仕事をさせていただいているのでしょうか。

ゼータ星人　うーん、いや、それは、もう本当に手違いであろうから、深い反省を求められただろうな。

D――　私が？

ゼータ星人　ああ。そりゃあ、そうだ。王様に対して槍を投げたんだから、失礼千《しつれいせん》万《ばん》だよな。だから、きっとそのあと、あの世に還ってから、さぞかし苦しんだことだろう。

D――　あの世で苦しんだ？

ゼータ星人　うん。そんな悪いことをしたんだからな。

D――　私との関係については置いておきまして、ラ・ムー様やベガ星人、ケンタウルス星人［注8］、プレアデス星人などとの関係は、どうだったのでしょうか。

ゼータ星人　だから、話し合いの結果だね、まあ、頭のいい宇宙人がいることも分かった。われわれは進んでいるとは思ったんだけど、やはり頭脳よりも戦闘力のほうが高いらしいということになって、配置図としてはだな、曼陀羅《まんだら》でいうと外側に配置されることになったわけだ。

D――　なるほど。

ゼータ星人　外護《げご》型というか、外敵から護《まも》るほうに入れば、仕事がもらえると。要するに、帰依して、外敵から護るほうになれば、合流できるというような感じになったかなあ。

D――　要するに、ラ・ムー様をめぐっての勢力争いだったということになるわけでしょうか。

ゼータ星人　うーん、そうねえ……。まあ、いろんな考え方を持った者がたくさんいたのでね。それは、なかなか難しいし、競争もあったけれども、戦闘をやらせると、やはりわれわれがいちばん優秀であることは事実であったわけだ。

まあ、ムーにも、当然、防衛軍があったのでね。そういう意味で、ムーの防衛ということにおいては、私などは、比較的《ひかくてき》、重要視されたということだな。外には野《や》蛮《ばん》なやつがいっぱいいいたのでね。

D――　なるほど。

その後、「ムー帝国《ていこく》の防衛大臣」を仰《おお》せつかった

ゼータ星人　つまり、ムー人が、ほかの地域のやつから、人さらいにあったり、食べられたりするようなことはあったわけなんだよ。

D―― はい。

ゼータ星人 当時も、今の北朝鮮《きたちょうせん》みたいな国があってだな、ムー人をさらいに来るとか、金銀財宝を盗《と》りに来るとか、あるいは、火付け、押《お》し込みとか、そんなことをいっぱいやっていたわけなんだ。

それで、私は、どちらかというと、「ムーの鬼平《おにへい》」みたいな感じで……。

D―― 鬼平？ そういう悪い者を退治した人ですね。

ゼータ星人 まあ深いご縁があって、「火付盗賊取締役《ひつけとうぞくとりしまりやく》」みたいな感じで、防衛役を仰《おお》せつかったということだ。

D――　なるほど。

ゼータ星人　だから、私は帝国《ていこく》の外護者で、今で言えば、防衛庁長官か防衛大臣か。まあ、ムー帝国の防衛大臣だな。

D――　防衛大臣になったと。

ゼータ星人　うんうん。防衛大臣だ。帝王だから、手下を使えるということで、ムー帝国の防衛大臣みたいな感じで、他民族からの侵略《しんりゃく》等に備えるというのが仕事だったわけだよ。

だから、今も、日本が外敵から侵略されるかもしれないというので、燃え立っているんだ。だから……。

D――　ただ、なぜ私と戦ったんですか。

ゼータ星人　あなたと？

D――　私はムーの敵だったのでしょうか。

ゼータ星人　いや、あなたはねえ、敵じゃないんだけどね。あなたは非常に二面性が強くてね、内側に対しては一生懸命《いっしょうけんめい》に仕えるふりをして、外に向かっては偉《えら》そうに槍を投げるような、そういう二面性が君には……。

D――　（笑）それは二面性ではなくて、護っているのではないでしょうか。

ゼータ星人　え？　そうかなあ。いや、知らないけど、なかでは文官のような振《ふ》る舞《ま》いをして、外に対しては武官のような振る舞いをするという、そういう二面性をあなたは持っていらっしゃるので、「こいつは、ちょっと、一回、お仕置きしないといかんな」と思って……。

D―― では、内部抗争だったのですか。

ゼータ星人 内部抗争というかなあ。一度、「ちょっと反省させてやらなければいかん」と思って、一撃《いちげき》を食《く》らわせてやろうと、後ろから不意打ちをかけたところ、意外に槍の名人だったので……。

D―― フフッ。

ゼータ星人 わしの左腿を刺されて、慌《あわ》てて逃げたんだ。防衛大臣としては、実にみっともないことだったので、以後、門の外に出ることになったんだ。

D――　そうでしたか。よく分かりました。申し訳ない質問をしまして、失礼いたしました。

選挙では、対抗陣営《たいこうじんえい》との論戦でガチンコ対決をしたかった

D――　今回、政党の党首として選挙戦（参院選）を担《にな》われたわけですが、過去の防衛大臣としての観点から今回の選挙を振り返ってみて、どう思われますか。

ゼータ星人　うーん、そうだなあ。まあ、やっぱり、ちょっと不満は残ったかなあ。

D――　どのような不満がございますか。

ゼータ星人　うーん、まあ、結局、自民党を勝たせたことにはなったんだけれども、「消費税のところを攻《せ》めて、自民党が勝った」という結果が、何かちょっと、因果《いんが》の理法的に言うと問題があったと思うなあ。

「民主党の消費税上げを攻撃《こうげき》して、結果的に、消費税上げを明確に打ち出していた自民党が勝ってしまった」というところがね。

どちらをどう攻撃したらよかったのか、ちょっとはっきりしない感じになったので、これが、正しい結果につながるかどうかだな。ただ、やや問題はあるような感じだ。

本音を言えば、両方とも滅ぼしてしまって、幸福実現党で天下を取りたかったんだが、おかしいのは、国民の人気が出ないことだよな。これはおかしい。

D――　そのへんを、これからどうしようと考えておられますか。

ゼータ星人　いや、わしは整形手術を受けようかと思っているんだ（会場笑）。もうちょっと美しくして、プレアデス系みたいな顔に変えようかと考えとるんだがなあ。

D――　では、今回の選挙においては、やはり、イメージのところが問題だったということでしょうか。

ゼータ星人　うーん、どうも、なんとなく……、誰《だれ》も明確には言わないけれども、やはり、わしのポスターを貼《は》りたがらなかったという……（会場笑）。

D――　（笑）

ゼータ星人　「これが敗因かな」という感じが、若干《じゃっかん》してはいるんだ。

D――　ポスターを貼りたがらなかったのですか。

ゼータ星人　やはり、みな、眺《なが》めたくなかったんじゃないかなあ。「貼ると票が逃げる」と思って、貼りたがらなかったような気がするんだよなあ。

D――　ご本人としてはどうだったんですか。貼りたかったですか。

ゼータ星人　わしのほうは……、ご本人？　まあ、ご本人としては貼りたくなかったたね、やっぱり（会場笑）。

D――　そうですか。

ゼータ星人　まあ、ご本人としてもだなあ、やはり、票を入れてくれないような感じがちょっとした。

やはり、いろんなところをお見せしないと、みな、納得しないのではないかなあ。だから、ご本人としては、対抗陣営《たいこうじんえい》などとバトルをして打ち負かすところを、ちゃんとお見せしたかったなあ。そうすれば納得したんじゃないかなあ。

D――　強烈《きょうれつ》な論戦をやりたかったということですか。

ゼータ星人　そうそうそう。

D――　組織力的には、どうでしょうか。今回、票がちょっと減りましたが。

ゼータ星人　うーん、それが、わしのポスターのせいなのか、あるいは、信者がそれほどフィーバー（熱狂《ねっきょう》）しなかったのか。

まあ、このへんについては、みな、何もおっしゃらないので、よく分からないんだけれども、もしそういうことなのであれば、やはり、美人党首でも立てたほうがポスター的にはよかったのかもしれないけれどね。まあ、ちょっとそのへんは、私も分からないんだ。

D――　まだ分析中《ぶんせきちゅう》ということですね。

ゼータ星人　まあ、押し上げてくるような人気が、やや足りなかった感じは受けるなあ。

D――　なるほど。

ゼータ星人　だから、「キャーッ！」という感じがなかったなあ。

D――　「キャーッ！」という感じですか。

ゼータ星人　うんうん。黄色い声が聞こえない感じ。あまり聞こえなかったな。

D――　もともと、そういうキャラでは……。

ゼータ星人　キャラではないんだよ、実はな。そういうのではなくて、悪党をやっつけて、それで信用を得るという……。

D――　そういう正義のヒーローですね。

ゼータ星人　うんうん。だから、私の場合は、男性に人気が出てこなければ駄目《だめ》なんだ。

D――　そうですね。

ゼータ星人　宗教には男性がちょっと少ないし、男性でも、特に仕事のよくできるエリート男性でないと、私のよさが分からないのでね。

D――　なるほど。

ゼータ星人　出来の悪いボンクラ男性の場合は、私のよさが分からず、ただ怖《こわ》いだけなんだ。

だから、票としては逃げるんだよなあ。うーん。だから、「本当の男のなかの男だけが、私のよさが分かる」という感じなんだよ。このへんが、民主主義のジレンマだなあ。

Ｄ――　なるほど。

ゼータ星人　そういう意味で、申し訳ないとは思っている。本来の使命を十分に果たせなかったのが、ちょっと残念であるとは思っている。

Ｄ――　そうですか。

ゼータ星人　だから、激しく戦って、ガチンコをやりたかったですねえ。
本当は、小沢一郎《おざわいちろう》あたりとテレビで対決したかったなあ。ああいうのを斬《き》り倒《たお》すところをお見せしたかったなあ。それで、急にガーッと人気が上がるような感じになれば最高だったなあ。ちょっと、そういうチャンスに恵《めぐ》まれなかったのが残念だなあ。

D――　はい、残念ですね。

ラ・ムーの不思議な「霊威《れいい》」に打たれて帰依《きえ》した

E――　先ほど、地球に来られたときに、エル・カンターレのサポートといいますか、助けをされるようなかたちになったと言っておられましたが、どのような経緯《けいい》でエル・カンターレに帰依《きえ》されたのかについて、簡単にお聴《き》かせいただければと思います。

ゼータ星人　うーん……。いやねえ、当時、同僚《どうりょう》っていうか、レプタリアンの仲間たちが、一部、帝国内で悪さをだいぶしていたんだ。それは、私らの本能からすれば、もう皆殺《みなごろ》しにしなければ収まらないことなんだけれども、エル・カンターレがあまりにも寛大《かんだい》で、寛容で、彼らをお諭《さと》しになり、お許しになる姿を見てだね、私もちょっと感じるものがあったんだ。

「これは、まだ勉強することが残っているのではないか」ということをちょっと感じたんだよな。

ラ・ムーは穏《おだ》やかな人ではあるんだけれども、帝王という意味では、けっこう帝王らしいところがあってね、権威《けんい》がある人ではあったんだ。その「優《やさ》しさを含《ふく》んだ権威」というのは、珍《めずら》しい雰囲気《ふんいき》なんだよなあ。

私らにはちょっと分からない、「優しさを含んだ権威」みたいなものがあって、そういうところに、元いた星では学べなかった何かを感じて、「ひとつ、心を入れ替《か》えて勉強してみようかなあ」と思ったわけだ。

ラ・ムーが、いろんな種類の人間や、いろんな星の人たちをまとめているのを見て、まことに不思議な感に打たれたし、私みたいなキングコングのような者でもジエントルマンとして丁重《ていちょう》に扱《あつか》ってくれたので、ちょっと不思議な感じを受けたね。そういう意味での不思議な「霊威《れいい》」のようなものに、ちょっと打たれたところがあるね。

私たちは、どちらかと言えば、武力で制圧するというのを基本的な考え方として持っているんだけど、何かそうではないものを、うーん……、「霊威」というか、霊的な権威みたいなものかなあ、こういうものがあるというのが不思議で、ちょっと勉強してみたくなったんだよなあ。

現在は仏教を外護《げご》する「竜神《りゅうじん》」の姿をとることが多い

E——　それと少し関係するかもしれませんが、古来、洋《よう》の東西《とうざい》を問わず、竜神《りゅうじん》あるいはドラゴンという存在があります。このドラゴンとレプタリアンとの関係というのは、どのように理解したらよいのでしょうか。

ゼータ星人　だからねえ、まあドラゴンは、もとは恐竜の一部だと思うんだけどね、恐竜もだんだん淘汰《とうた》され、かなり死滅していった。最後に残ったのが、ヨーロッパにも中国にもある、いわゆるドラゴンという種類の恐竜で、比較的最近と言ってはあれかもしれないが、人類の記憶がある数千年前ぐらいまではいたんだ。

それで、何と言うかな、レプタリアンの霊体《れいたい》が、そちらのドラゴンの霊体のほうと同一化しやすかったので、地上に宿る体としてのドラゴンはなくなっていったんだが、霊界では、霊体としてそういう姿を好んで持つものが多くなった。

いろんな種類があったんだけれども、だんだん数が減って集約されてきて、残ったのが、そういう竜や、よく言われるあれだよ。青竜《せいりゅう》だとか、白虎《びゃっこ》だとか、玄武《げんぶ》だとか、朱雀《すざく》だとか、幾つかあるだろう？　これで四種類だけど、だいたい集約されてきてるよな。

霊界で、そういうスタイルにだいたい集約されてきて、実際、基本的には、原型として四種類に分かれているんだよな。

だから、主に帰依した場合は、みな神獣《しんじゅう》として扱われて、基本的には四隅《よすみ》を護る守護神のスタイルの仕事をしているということだな。やはり、悪魔《あくま》もいれば、悪い人もいるからな。そういう守護神だ。

つまり、われわれは、警察官ないしはガードマン、あるいは自衛隊的な仕事を中心に職業替えをして、だいたいそちらの方面で地球のなかに居場所をつくっていったと言うべきかなあ。

そういう意味で、仏教のほうでは「仏法護持《ぶっぽうごじ》」というかたちで出てくるんだ。そのなかに、金竜《こんりゅう》というのがいて、私は、主として、「仏教の財政的な面を中心的な足場に据《す》えつつ、教団を外護《げご》する」というようなところに基本的な使命を見いだしている。それで、仏陀《ぶっだ》の時代にはマガダ国の財政担当者の一人として、仏教教団を外護するようになったわけだな。

そのように、キングコングから、しだいに変化して、仏教系の魂としての位置づけに変わっていったと思うんだよね。

今、私（本人）の後ろに座っている人（対象者B）は、たぶんガルーダか何かではないかと思う。先ほどの四種類で言えば、朱雀に当たるんじゃないかと思うね。あの世では、そういう魂の傾向性に合わせた姿をとるということだね。まあ、だから、昔はキングコングだが、現在の霊体としては、本性を現せば、竜神的な姿をとることが多いということだ。

D―― それは、性格が変わったということですか。

ゼータ星人 うーん、まあ、そうだねえ、やはり上昇志向《じょうしょう》が非常に強くなってきたのでね。竜というのは、上に昇《のぼ》ることが非常に得意な生き物なんだよね。落ちてくる竜というのは情けない。これはもう墜落竜《ついらく》だからね。

上に昇っていくところに、魂的にものすごく喜びを感じる。だから、霊体としては、今のところ、そちらのスタイルのほうが合っていると思うし、そのほうが霊界で認識されやすいのでね。

エル・カンターレ系のレプタリアンは愛や慈悲《じひ》の面が強い

D――　レプタリアンのなかで、エル・カンターレに帰依している割合というのは、どのくらいなのでしょうか。

ゼータ星人　地球の全レプタリアンで？

D――　はい。

ゼータ星人　だからね、エンリル系［注9］とちょっと割れているんですよ。エンリル系は、あちら自体がもともとレプタリアンなので、まあ、主勢力はあちらのほうに行っているんじゃないかと思うんですね。

そういう意味では、エンリル系から折伏《しゃくぶく》をかけられないように護っているところがある。われらがいなければ、やられてしまうんじゃないかなあ。

D——　では、あなたの考え方は、エンリル系とはもう完全に違うというわけですね。

ゼータ星人　違うと思いますね。今は、やはり違いますね。ええ。

D——　魂の性質としては、そうとう変わってきた？

ゼータ星人　うーん、まあ、だから、転生《てんしょう》の過程で、エル・カンターレとのご縁が多かったのでね。それは、付き合いの深さの関係だな。

D――　これから地球に入ってくるレプタリアンとは、どのような勢力関係になるのでしょうか。

ゼータ星人　まあ、そうですね。これから地球に入ってくるレプタリアンで、エル・カンターレ系に入ってくるのは、レプタリアンでも頭のいいタイプではないかな。主として、知的レプタリアンがこちらに来て、知的ではないのがエンリル系のほうに行くんじゃないかなあ。そんな感じがする。

D――　まだ、そのへんの対立は残るのですか。

ゼータ星人　うん。まあ、いろんな種類があるのでね。私のような、本当の王道を歩んだレプタリアンと、そうでない「外道《げどう》レプタリアン」とは、やはり違うんだよ。私は、もともと「エリートレプタリアン」だからね。

D――　今、アングロサクソン系で、戦争を中心に行っているレプタリアンとは、どのような関係になっているのですか。

ゼータ星人　ああ、うーん……、そうだねえ、まあ、両方入り乱れているので、何とも言えないんだけれども、ただ、ユダヤの祟《たた》り神系には、若干、いわゆる外側のレプタリアンが多いかもしれない。

エル・カンターレ系になると、多少、違う面があって、やはり愛や慈悲《じひ》を強く出してくるんだ。だから、防衛的な面のほうが強く出てくるんだけど、あちらのエンリル系のほうが強くなってくると、もう少し残忍《ざんにん》さが強く出てくるような気がするなあ。

D――　エンリル系に対して、間違いを指摘《してき》するとしたら？

ゼータ星人　うーん……、やはり、何というか、うぬぼれが強すぎるかなあ。劣《おと》っている者に対して容赦《ようしゃ》しないところがありすぎるわな。そのへんがちょっと問題かなあ。

だから、何かアジア人種等に対して、すごく優越《ゆうえつ》意識を持っていて、ある意味で、ヒトラーと変わらないところがあるんじゃないか。そういう人種蔑視《べっし》？　アジア人種を殺しても罪にならないように思っているところがあるんじゃないかなあ。それは、レプタリアンとしては、ある意味での進化が遅《おく》れているんじゃないかなあ。

D――　なるほど。分かりました。

キングコングパワーからすると、仕事が少し物足りない

D――　あなたの今世の使命といいますか、生まれてきた目的といいますか、心に

決めてきたことは何だったのでしょうか。

ゼータ星人 まあ、今世、決めてきたことはだねえ、そうだねえ……。

わしは、本当はね、宗教に辿《たど》り着かなかったら、やはり、孫正義《そんまさよし》とか、楽天《らくてん》の三木谷浩史《みきたにひろし》とか、あんな感じで、彗星《すいせい》のごとく現れ、一代で大企業《きぎょう》をつくりあげるようなことをしたかったんだけどなあ。

だけどな、ちょっと器用さが足りなかったんだよな。うーん。器用さが足りないので、そのへんは、ある程度、あきらめを持ったかなあ。うんうん。

ただ、そういう、器用に全部をつくるようなことは、ちょっとできないと思うが、ある程度の枠組《わくぐ》みができたところでは、主要な重しとして働けるような気はするんだよな。

だから、私は国の大臣ぐらいはやれるような気がするなあ。うーん。幸福実現党が大きくなったら、私は大臣ぐらいはできるような気がしている。さっき言った防衛大臣だとか、まあ、ほかのところでもいいけれども、わしは内閣を固めるような、その程度の仕事ならできるような気はするな。

D――　そうですね。

ゼータ星人　まあ、政党のほうで、ずーっと使命があればの話だが。何かなあ、わしのキングコングパワーから見ると、まだちょっと仕事が物足りない。もっと破壊《はかい》したいですなあ。

D――　分かりました。

ゼータ星人　もっとこう、グワングワンに破壊したい。やはり、国会議事堂を破壊してしまいたい感じがある。国会議事堂の上に登って、上からグワーンと破壊したい感じはあるなあ。

D――　ぜひ、民主党政権を破壊してください。
それでは、最後に、ご本人から何かありますか。

A――　いえ、特にございません。もう、すべて終わりましたので、結構でございます。

D――　民主党政権はまだ続いておりますので、幸福実現党の党首として、ぜひ、国難回避《かいひ》のために使命を果たしていただければと思います。

ゼータ星人　いやあ、小沢なんかも、あれはレプタリアンだから、憎《にく》たらしいと思っているんだよ。だから、どちらが強いか、やはり一回、チャンピオン戦をやってみたいと思っている。あれはレプタリアンだけど、ちょっと悪いレプタリアンだ。

D――　悪いほうなのですか。

ゼータ星人　たぶん、悪いレプタリアンだ。だから、一回、叩《たた》きのめしてやらないといかんと思うなあ。もう信仰心が足りん。

D――　ええ。今回の対話によりまして、レプタリアンのなかにも、エル・カンターレ系に帰依しているレプタリアン、外護しているレプタリアンがいるということが分かりました。

ゼータ星人　だから、エル・カンターレ系に帰依したレプタリアンは、外見は怖くても、心が優しいところが特徴《とくちょう》なんだよ。うん。

D――　はい。そういうことが明らかになりました。どうもありがとうございました。

ゼータ星人　うん。

大川隆法　（ゼータ星人に）ありがとうございました。
（Aに）はい、まことにご苦労様でした。政党の宣伝になったかどうかは分かりませんが。

D――　失礼いたしました。

［注1］約七千年前の古代インカの王であり、エル・カンターレの分身の一人。人々に心の世界の神秘を説いた。現在、宇宙人の地球への移住に関して全権を握《にぎ》っている。九次元存在。『太陽の法』第5章、『「宇宙の法」入門』第1章参照。

［注2］アメリカの予言者、心霊治療家《しんれいちりょうか》。「眠《ねむ》れる予言者」「20世紀最大の奇跡《きせき》の人」などと称《しょう》される。催眠《さいみん》状態で、病気の治療法や人生相談等について数多くのリーディングを行った。エドガー・ケイシーの魂《たましい》の本体は、医療系団の長であるサリエル（七大天使の一人）であり、旧約の預言者イザヤとしても生まれている。『永遠の法』第6章、及び『大川隆法霊言全集 第34巻』（宗教法人幸福の科学刊）参照。

［注3］三億数千万年前、エル・カンターレは、マゼラン星雲からやや戦闘性《せんとうせい》の強い種族（レプタリアン）を招来した。『太陽の法』第1章参照。

［注4］三十万年前から十五万三千年前ごろに栄えた文明。特に食生活文明が発達した。ただし、実際に超能力が重視された文明は、七十六万年前から七十三万五千年前ごろにかけて栄えたガーナ文明である。『太陽の法』第5章参照。

［注5］約一万七千年前のムー帝国の王であり、エル・カンターレの分身の一人。宗教家兼政治家として、ムー文明の最盛期を築いた。『太陽の法』第5章参照。

［注6］琴座《ことざ》のベガ星人は、かつて金星から移住した人たちであり、自分の思いに合わせて肉体の姿を変える能力を持っている。ベガ星からは数多くの人が地球に飛来している。『宇宙人との対話』第4章、『宇宙からのメッセージ』第3章、『宇宙からの使者』第3章・第4章参照。

〔注7〕プレアデス星人は、ベガ星人と同じく、元は金星に住んでいた金星人で、地球人によく似た姿をしている。彼らの中心的な思想は「愛」と「発展」であり、地球に来ているプレアデス星人には、エル・カンターレ系霊団《れいだん》に協力的な人たちが多い。『「宇宙の法」入門』、『宇宙人との対話』第1章、『宇宙からのメッセージ』第6章参照。

〔注8〕ケンタウルス座α《アルファ》星から来ている宇宙人。宇宙トラベルだけではなく、タイムトラベルの技術も持っているという。『宇宙人との対話』第6章、『宇宙からの使者』第2章参照。

〔注9〕エンリルは、マゼラン星雲ゼータ星から来たレプタリアン。三億数千万年前に地球に移住した（〔注3〕参照）。古代シュメールの大気《たいき》・嵐《あらし》の神として有名。九次元存在であるが、荒神《あらがみ》、祟《たた》り神の系統である。『太陽の法』第1章、『「宇

宙の法」入門』第１章参照。

※参照書籍は、『大川隆法霊言全集』を除き、いずれも大川隆法著、幸福の科学出版刊。

第2章

「地球の守護神」のアルタイル星人

［二〇一〇年七月十三日収録］

アルタイル星人

アルタイル（彦星《ひこぼし》）から来た翼竜型《よくりゅう》のレプタリアン。インド神話に登場する神鳥《しんちょう》「ガルーダ」や、中国の伝説上の神鳥で四神《しじん》の一つの「朱雀《すざく》」に当たる存在でもある。

［対象者（男性）はBと表記］
［質問者二名は、それぞれD・Eと表記］

対象者の「宇宙の魂《たましい》」を招霊《しょうれい》する

大川隆法　では、たいへん恐縮《きょうしゅく》ながら、ちょっと調べさせていただきます。（瞑目《めいもく》し、Bに両手をかざす。約10秒間の沈黙《ちんもく》）

ああ、そうですね。間違《まちが》いありません。精神統一できますか。

B――　ちょっと動揺《どうよう》していますから、難しいと思います。

大川隆法　うんうん、難しいでしょう。あきらめますか。もう時間の無駄《むだ》かな？

B――　はい。

大川隆法　では……。（瞑目し、両手を組んだあと人差し指を立て、顔の前で印《いん》を

結ぶ)

この者のうちに住みたる宇宙の魂《たましい》よ。この者のうちに住みたる宇宙の魂よ。この者のうちに住みたる宇宙の魂よ。この者のうちに住みたる宇宙の魂よ。どうか、大川隆法に宿りて、その本心、思うところ、述べたい本当の気持ち、意見等、ありましたら、明らかにしてください。(約3秒間の沈黙)

アルタイル星人　アッ。エッ。エ、エ。エーンンンッ。フンッ。ヘッ。

D――　ありがとうございます。質問させていただいてよろしいでしょうか。

アルタイル星人　ああん?　おまえみたいなチンピラが、わしに対して、何を偉《えら》そうに聞くか。

Ｄ――　チンピラ（苦笑）……。では……。

アルタイル星人　なぜ、おまえとわしが同格なんだよ。そんなの、間違っとるだろうが。やはり、三段階ぐらい差がないとおかしいよ。な？

Ｄ――　三段階ですか。

アルタイル星人　うん、副理事長なんて、そんなの、ありえないよ、君。こういう間違った人事はいけない。

Ｄ――　そうですか。

アルタイル星人　うん、だから、君は、僕《ぼく》の部下の部下ぐらいで、ちょうどいいんだよ。

D――　そうですか。分かりました。

アルタイル星人　ちょっと上がりすぎているな。ゴマスリがうますぎるんだよ、君は。

D――　いや、私は、全然、ゴマはすっておりませんけれども。

アルタイル星人　ええ？　すってるんじゃないか、毎日。何か、「いや、まあ」って、すってる感じ？　何か、杵《きね》を持ってるんじゃないか。

D――　いや、持っておりません。はい。

アルタイル星人　そうじゃないと、おかしいよ。

D――　いや、まあ、「おかしい」と思われるのは、ご自由だと思います。

アルタイル星人　ま、あまりに上がりすぎている。

D――　はい。

空を飛べるアルタイル星人は、「スター性のあるレプタリアン」

D――　それでは、ちょっと訊《き》かせていただきますけれども、先ほどの方（ゼータ星人）との違いについて、教えていただければと思います。

アルタイル星人　先ほどの？　ああ、キングコング？

D――　はい。

アルタイル星人　ああ。あれは地べたしか走れないんだよ、ほんとは。「竜《りゅう》だ」などと言ってるが、まあ、最近、ようやく飛べるようになったのさ。

D――　あなたは、昔から飛べるんですね。

アルタイル星人　元から飛べるんだよ、俺《おれ》なんかは。

D――　それは、来た星が違うということですか。

アルタイル星人　まあ、そういうことだな。

Ｄ――　どちらから来られたんでしょうか。

アルタイル星人　うーん、まあ、わしが来た星は、ちょっと違うんだな。だから、そう、あちらのほう（ゼータ星）ではなくて、もう一つ向こうにね、「織姫《おりひめ》・彦星《ひこぼし》」があるだろう？

Ｄ――　はい。

アルタイル星人　その彦星のほうの……。

Ｄ――　アルタイルですか。

アルタイル星人　うん、うん。そちらの方面から来たんだ。

D――　先ほどの方は、「それは亜流《ありゅう》だ」とおっしゃっていましたけれども。

アルタイル星人　そんなことはないよ。日本で、天《あま》の川《がわ》を知らない人はいない。「織姫・彦星」って、憧《あこが》れじゃないか。だから、スター性があるんだよ。

われわれは、同じレプタリアンでもスター性があるレプタリアンで、彼らは、スター性がないレプタリアンなんだよ。

D――　ああ。彼らには、スター性がない？

アルタイル星人　スター性がないんだよ。残忍性《ざんにんせい》におけるエリートであって、スター性がない。だから、彼らは、言わば、ジャングルに投下される特殊《とくしゅ》部隊みたいなレプタリアンなんだよ。そういう、何て言うかな、ベトナムのジャングルに投入されるような、〝プレデター〟みたいなレプタリアンを〝エリート〟と言ってるんだよ。

D——　〝プレデター〟ですか。

アルタイル星人　あれは、レンジャー部隊のことを〝エリート〟と呼んでるんだよ。

D——　ゼータ星とアルタイル星の大きな違いは何ですか。

アルタイル星人　われらは、高度な文化のなかにある。

D――　高度な文化のなかにあるんですね。あちらのゼータ星は、文化として低いんですか。

アルタイル星人　うん、低いんだよ。だから、彼らは、もう体力自慢《じまん》で、「〝体力偏差値《へんさち》〟だけが高い」と言っているのであって、われらは、もともと、文化レベルが高いのでね。

われわれこそが「天使の原型」である

D――　どのような文化が発達していますか。

アルタイル星人　ああ、だから、「空を飛べる」っていうのは、言わば、もう天人《てんにん》だよな。

D――　それは、「肉体として空を飛べる」ということですか。

アルタイル星人　そうなんですよ。

D――　「UFOによって」とかではなくてですか。

アルタイル星人　肉体として、空を飛べるんだよな。だから、それはもう、いかに優《すぐ》れているかが、よく分かるわな。

D――　それを日本語に訳すと、「何型のレプタリアン」ということになるのでしょうか。

アルタイル星人　何型？　うーん。だからね、私は、言わば、「天使の元なのではないか」と思うんだな。天使には羽が生えているだろう？

D――　はい。

アルタイル星人　だって、おかしいじゃない。人間に羽は生えていないじゃないか。なのに、天使には羽が生えているだろう？　だから、「天使の原型は、われわれではないか」と思うんだな。われわれには羽が生えていたので、「天使が、まねをしたのではないか」と思うんだよ。

D――　なるほど。では、あなたが、地球に来られたときは、羽が生えていたんですね。

アルタイル星人　われわれには羽が生えていたんだよ。羽が生えている宇宙人だから、「われわれが、天使の元祖、原型なのではないか」と思うんだよ。

少なくとも一億五千万年前には地球に来ていた

D――　地球には、いつごろ来られましたか。

アルタイル星人　私？　私が来たのはね、どのぐらいになるかなあ。もう、かれこれ、うーん……、ずいぶん前になるねえ。うーん……、どのぐらいになるかなあ。いや、古いんだよ。

私は、頭がいいからね。彼（A）と違って、頭がいいから、記憶《きおく》が鮮明《せんめい》なんだけれども、エル・カンターレのご本体が、前回、下生《げしょう》されたころには、もう来ていたような気がするなあ。

D――　では、一億年……。

アルタイル星人　一億五千万年ぐらいになるかなあ。そのときには、もう、すでにいたような気がするな。うん。

それからは、やはり、天使として、「地球の守護神」をしていたわけだよ。

D――　なるほど。そのころ、大量移住があったんでしょうか。

アルタイル星人　ありましたね。その当時も、けっこう来てましたね。うん、そうなんですよ。エル・カンターレの本体下生のときは、よく大量に来るんですよ。

D――　ああ。

アルタイル星人　文明が大きく変わるときなのでね。

七大天使のなかにはアルタイル星人も入っている

D――　エンリルとの関係はどうだったんですか。

アルタイル星人　ああ、エンリルねえ。まあ、エンリルは、元の星では知り合いなんだけどね。

D――　知り合いですか。エンリルはゼータ星ではないのですか。

アルタイル星人　いや、ゼータ星なんだけれども、やつらは植民地支配をやっていたので、われわれの星にも来てはいたんだよ。彼らは、宇宙の各地に遠征《えんせい》チームを組んでやって来ていて、いわば巡回《じゅんかい》しているんだよなあ。

だから、そういう意味で、何と言うかなあ、まあ、「ああいうやつらと、ちょっと一線を画したい」という気持ちはあったんだけれども、ただ、七大天使のなかに入っている者のなかには、われわれの星から行っている者も入ってはいるので……。

D――　ああ、そうなんですか。

アルタイル星人　だから、あれは、全部エンリルの星から来たわけではないんだ。

D――　全部が、ゼータ星のレプタリアンではないんですね。

アルタイル星人　地球にて再編成されたものであるので、あのなかには、われわれの星の者も入ってはいるわけだな。

まあ、私なんかは、特に頭がいいからね。だから、さっきのキングコングとは、ちょっと違うんだよ。

ああ、何度も言っては失礼かなあ。でも、五回ぐらいは言ってもいいかな。頭がいいからさあ。だから、まあ、そういう翼《つばさ》があるから、「天使だ」ということは間違いないんだけれども、いわゆる「智《ち》天使」と言われる種類かなあ。

古代インカ帝国《ていこく》にやって来た悪質レプタリアンとの関係

D――　前回の宇宙人リーディング（『宇宙からのメッセージ』参照）で、「彦星、アルタイルの伴星《ばんせい》のレプタリアン（トカゲ型）が、リエント・アール・クラウド様のときにやって来て、『われわれは神である』と名乗った」ということをプレアデス星人から聴《き》きましたが、そのあたりの真相は、どうなのでしょうか。

アルタイル星人　うーん……。まあ、何回にも分けて来ているし、それぞれ〝国籍《こくせき》〟が違うので、意見はいろいろあろうと思うけれども、あとから来て、もう住み着くところがないというか、ポジションが取れなかったのではないかと思うんだよな。

D――　なるほど。

アルタイル星人　われらみたいに、古代から来ていて、神の一部になっていた者とは違い、そういう者たちは、「あとから来て、神として崇《あが》められようとした」と思うんだよな。

だから、わずか、六千五百年か七千年か知らんが、そのぐらい前に宇宙人としてやって来て、それで神様になろうとしたんだと思うけれども、どっこい、こちらは、もっともっと昔から地球には来ていて、すでに、地球の神の一部になっていたのでね。

「そう簡単に騙《だま》されない」ということだな。だから、はるか後輩《こうはい》だよ。「後輩の分《ぶん》際《ざい》で、神を名乗ろうとしても、そんなのは神じゃない」と見破られたということだな。まあ、そういうことなんじゃないかな。

Ｄ――　では、そのころには、もう「対立関係にあった」ということですね。

アルタイル星人　私は、もう、地球の守護神の一部になっていたわけでありますから、元の星が同じだからといって、全部が一緒《いっしょ》ではないです。時間がずいぶんずれていますのでね。

つまり、「最近、新参者《しんざんもの》が地球に来て、縄張《なわば》りを張ろうとしたが、『礼儀《れいぎ》を知らん』ということで追い返された」ということだな。

「レプタリアンに天国・地獄《じごく》はない」と言われる理由

Ｄ――　最近の、いろいろなレプタリアンの霊言《れいげん》によると、例えば、「天国・地獄《じごく》はない」とか、「進化ではナンバーワンだ」とか、そのように言われていますが、この点については、どのように思われますか。

アルタイル星人　うーん、「レプタリアンに天国・地獄はない」と言われると、まあ、確かに、「そういう面はあるかもしれない」とは思うよ。

レプタリアンは、戦闘《せんとう》をしていることが多いので、「天国・地獄の区別がつかない」というところは、あるかもしらんな。

天使だって戦うだろう。「戦う天使の世界がある」というんだから、このへんは一緒くたになっているところがあるし、旧約の神様にも、悪魔《あくま》と一緒に会議をしたりするような怪《あや》しいところがあるので、まあ、単なる仲間割れ、勢力抗争《こうそう》のようなところがあったかもしれないとは思うね。

つまり、昔は、「天国・地獄」という分けられた世界ではなくて、勢力抗争というか、「○○組対△△会」みたいな感じのところが、少しあったのかもしれないねえ。今は、それが、垂直的にだんだん固まってきたのかもしれないな。

D――　なるほど。

金星系の人類は庇護《ひご》しなければならない

D――　アルタイル星やゼータ星のレプタリアンと、金星系の人類とは、何か関係があるのでしょうか。

アルタイル星人　うーん、まあ、金星系の人類は、弱くってねえ。

D――　弱いんですか。

アルタイル星人　何か、うーん……。

D――　レプタリアンは、金星系から発生したわけではないんですか。

アルタイル星人　うーん、金星系の人類は、ちょっと弱いんだよな。

D――　そうですか。

アルタイル星人　もろいんだよ。芸術とか美とかに関心はあるんだが、ちょっと、もろくて弱い気《け》があってだなあ。だから、彼らは、まあ、観賞用動物としてはよろしいんだが……。

D――　観賞用ですか。

アルタイル星人　ああ。だけど、庇護《ひご》してやらないと、すぐに捕《つか》まったり、食べられたり、殺されたりしてしまうようなところがあるんだよな。

人をさらって食べている宇宙人は、食文化を洗練すべき

D――　食べてしまったこともありますか。

アルタイル星人　えっ！　あー、君、角《かど》があるねえ。

D――　（苦笑）

アルタイル星人　まあ、「どこの星の人たちがおいしいか」という言い方はあるけれども、金星の人は、そうだね……、いちおう、焼き具合が悪いとおいしくないんだよな。

D――　焼いて食べるんですか。

アルタイル星人　そうです。いちおう、グリルにするんです。

D――　生では食べないんですか。

アルタイル星人　はい、グリルにして、火を通さないとね。やっぱり、食あたりを起こすといけないのでね。

D――　（苦笑）

アルタイル星人　だから、まあ、グリルにする。

D――　やはり、アルタイル系の方々も食べるんですね。

アルタイル星人　もちろん、食べますよ。肉食です。

D――　いまだに、食べている人たちはいますか。

アルタイル星人　えっ、いまだに？
今は、神戸牛のステーキが食べられるから、別に、そんな……。

D――　いやいや、あなたではなくて、「新たに来たアルタイル系の人たちが」ということです。

アルタイル星人　まあ、さらっている人は食べているかもしれないよね。

D――　食べていますか。

アルタイル星人　うん、さらっている人はね。

D――　それについては、どう思いますか。

アルタイル星人　うーん、もう少し、食文化を洗練しないといけないような気がするなあ。

D――　どういう洗練の仕方をすれば、よいのでしょうか。

アルタイル星人　やはり、彼らには、まだ粗野《そや》なところがあって、もう少し、味とか、調味料とか、そういうものに対して関心を持たないといけないですね。上手に仕上げて食べないといけない。

D――　それは、「人間でもよい」ということですか。

アルタイル星人　いや、君ね、食べたことがないかもしれないけれども、人間の肉って、けっこうおいしいんだよ。

D――　（苦笑）

アルタイル星人　豚《ぶた》よりおいしいかもしれない。

D――　そうですか。

アルタイル星人　うん。ある意味では、豚よりおいしくてね、何か、鳥のささ身によく似た味がするんだよ。

D――　ああ。

アルタイル星人　なぜ、こんなことを私が知っているんだよ。

D――　では、もう、これ以上、訊くのはやめます。

アルタイル星人　天使なのに、おかしいな。

　人間を食べるのは、「新撰組《しんせんぐみ》が人殺しをするようなもの」？

D――　ま、「最初はそうだった」ということですね。

アルタイル星人　ああ、昔は……、いやいや、昔も今も天使だよ。

D――　いえいえ。今も、人間は食べていないですよね。

アルタイル星人　今も天使だけど、仲間には、ときどき食べる人がいたということかな。

D――　そうですね。

アルタイル星人　まあ、これはね、本当は、警察であるところの新撰組《しんせんぐみ》が人殺しをしたのと似たようなものなんだよ。

D――　新撰組と似たようなもので、「悪い人間を食べていた」ということですね。

アルタイル星人　そうですね。だから、処刑《しょけい》しなければいけないんだけれども、食料にもなるから、「少しもったいないかなあ」と思うところもあったのでね。まあ、どうせ消滅《しょうめつ》させるんだったら、やはり、ほかの生きるものの糧《かて》になったほうがいいではないですか。ね？　人のために、わが身を犠牲《ぎせい》にすることによって、彼らの霊格《れいかく》が上がるではないですか。

D――　牛とか、豚とか、そういうものでは満足できないんですか。

アルタイル星人　まあ、牛も豚もあるけれども、やはり、人間のほうが、肉としては、本当はおいしいのよ。君ら、知らないだろう。

牛はね、ちょっと大味《おおあじ》なんだよ。「ビーフが好きだ」という人もいるが、牛の肉は大味でね。私は、あれは野蛮《やばん》だと思うな。牛のステーキとかを見てると、やはり脂《あぶら》が多くてねえ、何と言うかなあ、ちょっと野蛮な感じがするな。牛なんかを食べると、頭が悪くなるような気がする。

だから、どちらかというと、人間のほうが、鳥のささ身によく似た、健康的なタンパク質なんだよ。

D――その話題については、そろそろやめさせていただきます。

ニワトリ型火星人もかなり捕食《ほしょく》した

D――前回、ある宇宙人との対話のなかで、「あちらの方《かた》(Bのこと)も火星人です」という話がありましたので(『宇宙人リーディング』第2章参照)、ご自身でも、「火星人ではないか」という認識をお持ちだったのではないでしょうか。

アルタイル星人　火星ね。ま、火星人は、食べたよ。

D——　えっ？　火星人を食べたんですか。

アルタイル星人　だいぶ食べたな。だから、だいぶ減ってきたんじゃないかな。

D——　ああ。火星人も、飛ぶタイプだったんですよね。

アルタイル星人　そう、飛ぶのもいるなあ。あれも鶏肉《とりにく》に近い味をしているので、そんなに悪くないんだよ。

D——　火星人よりも強いのが、アルタイル星人なんですね。

アルタイル星人 火星人をかなり捕食《ほしょく》したな。

D―― ああ。

アルタイル星人 ニワトリ型火星人か。何か、そんな人がうち（幸福の科学）にもいたなあ。

D―― あなたは、火星人ではないんですね。

アルタイル星人 あれは、毛をむしってグリルにすると、北京《ペキン》ダックほど脂《あぶら》っこくない、ほんとにいい味が出るんだよ。

D―― 分かりました。食べ物のことは、もうやめさせていただきたいと思います。

二〇一〇年参院選の感想について

D――　活動の話に入りたいのですが、今回、参院選が終わったばかりですので、そのあたりについて、ご感想等があれば聴かせてください。

アルタイル星人　まあ、そうだねえ。結果は、少し悪かったかなあ。

だいたい、本体に全部頼《たよ》り切る政党というのは、やはり、主に対して迷惑《めいわく》をかけすぎるのでね。まあ、私の考えとしては、政党自体が、もう少し自立し、独り立ちして、「自分たちの力で勝つ努力をしなきゃいかん」とは基本的に思っていましたよ。

主からも、「幸福の科学学園のほうは、学校法人をつくり、お金を出して建物等のハードをつくり、教育理念を出すところまではしたけれども、教材を選んで授業をしたり、学校運営をしたりするのは、やはり、自分たちでやっているではないか。

政党もそうしなさい」と言われたので、「学園と同じぐらいのレベルは要求したいな」とは思ったのですが、エネルギーの吸い込《こ》みは、学園より重かったのではないかな？

確かに、「基本的な政策等を頂いたのは大事なことだ」とは思うけれども、少し「おんぶに抱《だ》っこ」が過ぎるし、今回は、「選挙としては負けである」と思うので、やはり反省してほしいんだよな。

だから、「主は、今回、政党に独り立ちを望まれた」と思ったので、私は少し突《つ》き放しましたよ。そういうふうに、「おんぶに抱っこ」をさせないようにしないと、政党が、だんだん〝吸い取る愛〟をやって、教団の生き血をどんどん吸っていくのでね。やはり、「自分たちでやれることはやる」という自立心が要《い》ると思うんだよな。

いつまでも、何と言うか、蛭《ひる》みたいに吸い付いているのはよくないので、「自分たちで、できるだけ資金の都合もつけながら、工夫をして議席を伸《の》ばしていく」、あるいは、「候補者自身が力をつけ、教団の票をもらうだけではなくて、自分で票を取る」というぐらいやらないといけないと思うなあ。

まあ、その意味で、結果を見るかぎりでは、「食べられてもしかたない」ぐらいではないか。

D――　政党の面からは、ですか？

アルタイル星人　これは、ほんと、グリルだな。グリルにしないといけないあたりだ。毛をむしって焼かないといけない。ちょっと出来《でき》が悪い。これでは駄目だ。

愛知の保母さんが四万票ぐらい取っているのに、あとの役員たちが情けなさすぎる。「人気がないにもほどがある」と思いますね。

保母さんが四万票ぐらい取るんだったら、まあ、役員ともなれば、やはり最低でも五万票から十万票は取らないといかんと思いますね。

だから、これは、看板に偽《いつわ》りがあるのではないですか。

D―― 会員からも支持を得られなかったということですか。

アルタイル星人 そうだと思いますよ。会員が、その実力を「正当だ」と認めていないんだと思いますよ。

それを、「先生に任命されたから偉いんだ」ということだけを、「信じよ」と言ったところで、「そうは申しましても、民主党や自民党の代議士とか大臣とかをやっている人たちのほうが、偉く見えます」と、会員は素直《すなお》に感じているのでね。「本当は、こちらのほうがいい」と思えば、もっと人に勧《すす》めたところを、「いやあ、あちらに投票したほうが本当はいいですよ」というような気持ちがあるから、本気になって勧めなかったのではないかな。

だから、政党のほうがいくら言っても、「強制することができなかった」というような感じを、私は受けています。

これは、「人気がなかったのだ」と思いますね。当会の幹部諸氏は、なかでは、局長だの、常務だの、専務だの、理事長だの、いろいろ張っているけれども、会社レベルでは、本来、主任とか、係長とか、課長とか、そのぐらいの人たちが立候補しているわけですよ。だから、票が入るわけないんだよ。

やはり、これは、主に、あまりにも「おんぶに抱っこ」しすぎているんだよね。だから、もっと変身して、自分の魅力《みりょく》でそれなりに人を集められるようにならなければ駄目だね。「教団から動員をかけなければ集まらない」というようでは駄目だな。

D――　戦闘系の宇宙人は、政治に強いようにも思えるのですが、そうでもないのでしょうか。

アルタイル星人　今は、戦《いくさ》がないからねえ。政治というのは、口を使ったり、作戦を立てたりするものだから、必ずしも、戦闘系が向いているとは言えないのではないかな。

それよりは、どちらかと言えば、芸能系とか、そういう、弁《べん》が立って、愛嬌《あいきょう》があって、ルックスがいいようなタイプのほうが、人気は出ているんじゃないか。

やはり、教団を挙げて選挙戦をやって、柔道《じゅうどう》の選手や野球の選手に敵《かな》わないようでは、笑われるぜ。

まあ、わしはそう思いますがね。

D――　はい、ありがとうございます。

それでは、質問者を替《か》わらせていただきます。

エル・カンタール信仰《しんこう》を持ったきっかけとは

E――　先ほどの方（ゼータ星人）にも同じ質問をさせていただきましたけれども、主エル・カンタールへの信仰《しんこう》は、地球に来られたときに、すでにお持ちだったのでしょうか。それとも、地球に来られてから、お持ちになったのでしょうか。また、どういう経緯《いきさつ》で、信仰を持たれるようになったのでしょうか。そこのところを、ぜひ、お聴かせいただければと思います。

アルタイル星人　うーん、いや、侵略《しんりゃく》に来たんだよ。

E――　ああ、侵略に来られたのですか。

アルタイル星人　実は、侵略に来たんだ。

E―― はあ。

アルタイル星人 いやあ、はっきり言って、侵略に来ました。「われらのほうが進化している」と思っていたし、「実際、そうだった」と思うので、侵略に来ましたよ。

侵略に来たけれども、意外なことに、負けたんだよ。

E―― ほう。

アルタイル星人 意外なことに、負けてしまった。地球にも、意外に強い先発守護神がすでにいて、それにやられたんだ。折伏《しゃくぶく》された。それで、捕虜《ほりょ》にされてしまって、改宗《かいしゅう》させられた。改心させられて、鼻をへし折られたところがある。当時、もうすでに、意外に強いのがいたんだよ。

E――　なるほど。

アルタイル星人　うーん、ちょっと、驚《おどろ》きだったな。

E――　それは、どのような意味で強かったのでしょうか。

アルタイル星人　すごい超能力《ちょうのうりょく》かなあ。

E――　超能力ですか。

アルタイル星人　うーん。われわれも種族的には、「単に、爪《つめ》や歯が強い」という、猛獣類《もうじゅうるい》、猛禽類《もうきんるい》の強さだけではなく、ある程度の霊的パワーというか、宇宙的パワーを持っているつもりではいたので、そういう自信はあった。

だから、念力系はわりに強かったんだけれども、それより強いのが地球にいたんだよ。これは、ちょっと驚きだったなあ。撃《う》ち落とされて、びっくりしたね。空を飛んでいるときに、念縛《ねんしば》りにされて撃ち落とされ、地上に落下してしまったので、頭を打って痛かったよ。

Ｅ――　そうですか。

アルタイル星人　まさか、そんな強いのがいるとは思わなかったのでな。

エル・カンターレの守護神をしている人たちのなかには、そういう者がいたので、意外な攻撃《こうげき》を受けてしまったんだ。地球人に、こんなに強いのがいるとは思わなかったのでね。簡単に侵略できると思って来たんだが、逆にやられて、捕虜にされてしまい、改心を迫《せま》られました。

Ｅ――　それをきっかけとして、主エル・カンターレへの信仰を深められたということですね。

「念力系の防衛軍」とは、今で言う陰陽師《おんみょうじ》

アルタイル星人　うーん、雷《いかずち》を使うやつがいたんだよ。これには参《まい》ったなあ。何だか、雷を落とすやつがいてねえ。電光というか、ゼウスの雷《かみなり》のようなものを使うやつがいて、そんな技があるとは思わなかったんだ。

電撃ショックみたいなものを落としてきて、一瞬《いっしゅん》しびれるんだよ。それを受けると、しびれて瞬間的に失神するんだ。何秒か失神した間に、墜落《ついらく》してしまうんだよな。

エル・カンターレを護っている人たちのなかに、こんな技を使うやつがいたんだよ。

Ｅ――　それは、今で言うと、どういう人たちなんでしょうか。

アルタイル星人　え？　陰陽師《おんみょうじ》だよ。

Ｅ――　あっ、陰陽師。そうなんですか。なるほど。

アルタイル星人　まあ、陰陽師みたいな人たちだよな。こういうのにやられたんだよ。

Ｅ――　ふーん……。

アルタイル星人　いや、そのなかに、あんたもいたような気がするな。

Ｅ――　そうですか。

アルタイル星人　だから、地球に、そういう念力を使うグループというか、防衛軍がいたんだよ。こんなのがいるとは思わなかったんだ。

われわれは、力技ではるかに上だし、空も飛べるし、もちろん、宇宙船も使って来ることができたので、当然、「われわれのほうが、地上を這《は》って歩いている人間などより上だ」と思っていたんだ。だから、まさか、空を機嫌《きげん》よく飛んでいるときに撃ち落とされるとは思わなかった。

それはねえ、雷《いかずち》を落とされたような感じで、最初、何の武器かが分からなかったんだ。だけど、みな、次々に、バタバタと墜落していったので、びっくりしたよ。私は、失神しただけで済んだが、首を折ったものがいっぱいいるよ。

これは、何か、雷《かみなり》みたいなものを落とす念力があって、多分、念力縛りをやったに違いない。念縛り、不動金縛りみたいな技をかけられたんだと思われるね。言わば、念で縛られて、電撃ショックを頭に打ち込まれた感じかな。空を飛んでいたのに、それで撃墜されたものがいっぱいいるね。

こういう防衛軍が地球にいたというのは、少し驚きでした。エル・カンターレを護るために、すでに、そういう念力集団がいたんです。

E―― はい。分かりました。

アルタイル星人 だから、途中《とちゅう》で帰依《きえ》したんだ。「神様、仏様に仕える」ということで帰依をした。

朱雀《すざく》は、インドでは「ガルーダ」、日本では「天狗《てんぐ》」と呼ばれる存在

E――　先ほど、「四神相応《しじんそうおう》の地を護る朱雀《すざく》」というお話がございましたけれども（第1章参照）、この「朱雀」という存在の力といいますか、役割といいますか、そうした点について教えていただければと思います。

アルタイル星人　それは、仏教の説話でも、ガルーダとか、金翅鳥《こんじちょう》とか、緊那羅《きんなら》とか、迦楼羅《かるら》とか、いろいろ言われているけれども、まあ、そういう、くちばしがある大きな鳥で、霊界《れいかい》には存在した鳥だよな。仏を外護《げご》するために、空を警戒《けいかい》して飛んでいる鳥だな。

だから、そういう外護役であることは間違いない。現代的に言えば、情報戦かな。「空から警戒して見ている」ということで、警備、情報系の仕事をしているというところかな。まあ、情報戦だと思いますね。やはり、「外敵の侵入をチェックして

「アルタイル星人（朱雀）」想像図

いる」という意味では、現代も一緒ですね。

E――　朱雀と、いわゆる「天狗《てんぐ》」という存在との関係については、いかがでしょうか。

アルタイル星人　ずばり、朱雀は、日本では「天狗」と言われています。朱雀が変化すれば、日本では天狗です。私は、「あれは天使だ」と思っているのですが、日本人は、「天狗」と呼んでいます。

まあ、形は一緒だと思うんですけれどもね。どこが違うのでしょうか。確かに、くちばしと足の蹴爪《けづめ》が少し気にはなりますが、それは、鳥を食べすぎたためかもしれませんね。

やや不本意なところもあるのですが、なぜか、日本では、天狗と言われることが多いんです。でも、天使ですよ。

エル・カンターレに帰依《きえ》していても〝悪戯《いたずら》〟はする

Ｅ――　天狗という存在にも、竜神《りゅうじん》と同じように、「エル・カンターレ系に帰依《きえ》しているか、していないか」という違いがあると思うのですが。

アルタイル星人　やはり、悪い天狗とよい天狗がいるんですよ。よい天狗は、悪さはしても、徹底的《てっていてき》な犯罪や悪事までは行かない。しかし、悪い天狗は、積極的に犯罪もどきのことまでやる。

そういう差があるんですよ。よい天狗は、道徳的良心が少しだけ残っていて、悪さと悪戯《いたずら》のところで止《と》める。これがよい天狗です。

Ｄ――　エル・カンターレ系の天狗であれば、もう、そんなに悪さはしませんよね。

アルタイル星人　いや、しますよ。

D――　えっ？　します？

アルタイル星人　もちろん、しますよ。それは、習性だからね。まあ、ニワトリを見たら、分かるでしょう？　鳥というのは、餌《えさ》をめぐって、くちばしで突《つつ》いたり、足で蹴ったりして、取り合っているでしょう。

D――　では、「悪さ」というのは、仲間内での喧嘩《けんか》のようなものですね。

アルタイル星人　まあ、競争だな。うん、そういうことではありますね。
それに、少し頭がよすぎるから、やや陰謀癖《いんぼうへき》があるね。
キングコングのほうは、頭が悪いから、ストレートに戦いを挑《いど》みに来るが、われわれは、頭がいいので、やや陰謀癖がありますね。

レプタリアンの科学技術は宇宙一なのか

D――　少し話は変わりますが、レプタリアンの方々は、科学技術に関して非常に自信を持たれています。これは、やはり、宇宙でいちばん進んでいるのでしょうか。

アルタイル星人　えーっとねえ、まあ、元は、それぐらいの技術はあったのですが、地球に長くいるうちに、だいぶ衰《おとろ》えてしまったのでね。今は、「科学技術のほうが進んでいるレプタリアンは、ほかにいる」ということですね。

D――　これは、また、別の方に訊いたほうがよろしいでしょうか。

アルタイル星人　うん。私らが地球に来たときに宇宙船を持っていたのは確かですが、地球が長くなると、「その技術も衰えたかなあ」というふうには思っています。

D——　レプタリアンの方からは、「われわれが、いちばん進化に貢献《こうけん》している」という意見を聞いているのですが、ほかの星の方もそのようなことを言っておられます。このあたりについては、どのように思われますか。

アルタイル星人　うーん、まあ、それは種類の違いかなあ。例えば、格闘技でね、「空手《からて》とボクシングと柔道と相撲《すもう》のうち、どれが強いか」というような感じかなあ。土俵でやれば、相撲取りが強いに決まっているけどね。柔道家であろうと、土俵でやったら、おそらく相撲取りが強い。

しかし、相撲取りが柔道をやったら、おそらく負けるし、ボクシングをやったら、ボクサーが強い。空手のルールだったら空手が勝つ。

そういう流派の違いが多少はあるので、まあ、そのような感じかな。やはり、それぞれに違いがあるんですよね。

D―― では、「レプタリアンが、何が何でも、いちばん進化に貢献している」というわけではないということですね。

アルタイル星人 さあ、どこがいちばん貢献しているだろうね。さっき、彼(ゼータ星人)は、「帝王」って言ってました?

D―― ええ、「帝王」と言っていました。

アルタイル星人 まあ、言うのは勝手ですけれどもね。でも、彼は、空を飛べないからね。

西洋の天使は、日本に来ると「天狗《てんぐ》」になる？

D――　彦星、アルタイルのレプタリアンの方は、地球に来ているレプタリアンのうち、何割ぐらいいらっしゃるのでしょうか。

アルタイル星人　レプタリアンのなかの比率ですか。

D――　はい。

アルタイル星人　日本には多いですよ。日本には、天狗《てんぐ》信仰がかなりあるでしょう？　これは、昔から、日本にだいぶ来ている証拠《しょうこ》ですよね。

しかし、われわれが西洋に現れたら、みな天使なんですよ。天使は、足まで垂れているような大きな羽を持っているでしょう？　あれは、もう明らかに、日本だったら天狗ですよね。

つまり、われわれは、西洋だと天使なんですよ。逆に、七大天使だって、日本に来たら天狗ですよね。

D――　なるほど。

アルタイル星人　うん。だから、〝オリンポス天狗〟というもののもある。つまり、〝オリンポス十二天狗〟というものがあって、日本に来たヘルメス系の天使は、天狗なんですよ。

やはり、天狗が尊敬しているのがヘルメスなんですね。天狗は、だいたいヘルメスを尊敬しています。

教団のなかに、アルタイルから来た仲間はいるのか

D――　当会のなかに、アルタイルから来られたお友達は、いらっしゃいますか。

アルタイル星人　ん？　当会のなかに、アルタイルから来たお友達？　そうですねえ、まあ、私ほど優れた者はいないだろうとは思いますけれども……。そうですねえ、うーん、国際局に、少しいるかなあ。国際局には、いるような気がする。国際局は、空を飛ぶのが好きだからね。

D――　ああ、では、国際局には、何人かいらっしゃるんですね。

アルタイル星人　おそらく、国際局には、いると思う。飛行機に乗るのが好きな人がいるだろう？

D――　アルタイルの方は、やはり、性格的に飛行機が好きだということですか。

アルタイル星人　空が好きなんです。

D――　空が好きな方は、わりと……。

アルタイル星人　うんうん。そうだろうと思いますね。うーん、国際局に少しいると思いますね。

D――　行動的であるということですか。

アルタイル星人　いやあ、ニューヨークにもいるのではないですか。

D――　ニューヨークですか。

アルタイル星人　うん。

D――　ああ、北米本部長ですね。

アルタイル星人　仲間のような気がする。

D――　そうでございますか。

アルタイル星人　あれも、悪戯《いたずら》をするだろう。

D―― 悪戯をしますか（苦笑）。

アルタイル星人 悪さはするね。

私は教団を外護《げご》する「空軍大将」

D―― この教団の幹部には、レプタリアンの方が非常に数多くいらっしゃいます。これは、役割として適しているということでしょうか。

アルタイル星人 やはり、レプタリアンがいなかったら、この教団は、もうとっくに潰《つぶ》れている。

D―― 特に、どういうところが弱いのでしょうか。

アルタイル星人　外敵との戦いが、何度も繰《く》り返し起きておりますので、レプタリアンがいなければ、もうとっくに潰れているのではないですか。ほかの教団にやられたり、いろいろなものに負けたりしているのではないですか。マスコミとかにも、やられているのではないでしょうか。やはり、レプタリアンの戦闘力が根を張って、けっこう、それを防いでいるように、私は思いますけれどもね。

D――　教学《きょうがく》を積んだり、悟《さと》りを高めたりということのみをやってきた幹部だけでは、やはり、教団はなかなか護り切れないということですか。

アルタイル星人　まあ、坊《ぼう》さん、尼《あま》さんだけでは無理ですね。すぐに潰されます。軍隊で攻《せ》めてこられたら、そんなものは、いちころですものね。簡単に殺されてしまいますから、やはり、われわれが護らないといけない。

D――　そういう役割があるということですね。

アルタイル星人　ローマ法王庁《ほうおうちょう》だって、ちゃんと、スイスの兵隊が護っているではないですか。だから、護る人が要るんではないですか。それは、やっぱり要りますよ。

われわれは「空軍」です。さっきの人は「陸軍」です。

D――　陸軍ですね。

アルタイル星人　ええ、さっきの人は「陸軍大将」でしょう。私は、「空軍大将」だということです。

D――かしこまりました。では、ご自身から何かありましたら、どうぞ。

B――結構でございます。

D――よろしいですか。はい。

それでは、本日はどうもありがとうございました。

第3章

水陸両用の温和なレプタリアン

［二〇一〇年七月十三日収録］

魚座から来た宇宙人

今から六、七千年前、魚座から飛来し、古代メソポタミア地方の都市バビロンに現れた水陸両用のレプタリアン。性格は温和であるという。

［対象者（男性）はCと表記］
［質問者二名は、それぞれD・Eと表記］

レプタリアンがいないか、職員を霊査《れいさ》する

〈候補者①が席に着く〉

大川隆法　あなたは、この前、調べなかったですか。大丈夫《だいじょうぶ》？

D――　違《ちが》う人だと思います。

大川隆法　ああ、そうか。ほかのことで質問した人ですか。では、少し調べさせていただきます。
（両手をかざす。約45秒間の沈黙《ちんもく》）違います。はい、残念。違います。

D――　では、ちょっと（次の候補者に席に着くよう促《うなが》す）。

〈候補者②が席に着く〉

大川隆法　（両手をかざす。約50秒間の沈黙）違います。

〈候補者③が席に着く〉

大川隆法　（両手をかざす。約35秒間の沈黙）ん？（約25秒間の沈黙）

これは金星人だ。今日は、金星人に用はありません。はい。

〈候補者④が席に着く〉

大川隆法　（両手をかざす。約30秒間の沈黙）違いますね。残念でした。次。

〈候補者⑤が席に着く〉

大川隆法　（両手をかざす。約20秒間の沈黙）これは土星人だな。土星人が出てきた。初出《しょしゅつ》かな？　これは土星人ですよ。外見《がいけん》はアザラシに似ている。

D――　私と近いのでしょうか。

大川隆法　いや、少し違う。あなた（D）は立てるからね。こちらは立てなくて這《は》っています。うーん、寒さに強いですね。しかし、レプタリアンではないので、今回の対象からは、いちおう外れます。

〈候補者⑥が席に着く〉

大川隆法　（両手をかざす。約15秒間の沈黙）これは、ただのお坊《ぼう》さんです。

〈候補者⑦が席に着く〉

大川隆法　（両手をかざす。約30秒間の沈黙）ん？（約25秒間の沈黙）ニビル星人［注1］です。すみません。今日はちょっと違います。

〈候補者⑧が席に着く〉

大川隆法　（両手をかざす。約50秒間の沈黙）これは何人《なにじん》でしょうか。分かりません。この人は、足が百本ぐらいあります。これは何だ？　どこから来た？　ムカデのように、ものすごい数の足がある。こんなのが本当にいるのでしょうか。

これは、どこですか。うーん……。砂漠《さばく》の星ですね。すごく砂と岩の多い所から来ている。ムカデとサソリを合わせたような感じの生き物ですね、これは何ですか。いったい何なんだ？（約5秒間の沈黙）

これは初登場の宇宙人です。これは、いったいどこなんだ？（約35秒間の沈黙）昴《すばる》（プレアデス星団）のほうらしいですね。どうも昴の近くです。しかし、これは、基本的に土中人《どちゅうじん》です。土のなかに住んでいます。うーん。土中文明ですね。これは地中文明ですか。地球によく来たなあ。

ペットではなく、生物実験で地球に連れてこられたような感じですね。地球に住めるかどうかを試《ため》すために連れてこられたところ、人間になってしまったようです。何か、よく分かりませんが。

D――　ケンタウルスでしょうか。

大川隆法　いや、昴の近くですね。

大きさは、どのくらいでしょうか。五十センチぐらいしかないようです。ムカデとサソリを合わせたようなスタイルをしていて、主として、地中に潜《もぐ》っていますね。これは、おそらく、地球に、生き物として連れてこられたのでしょう。そして、地球に来てから人間になって……。（候補者⑧に）ごめんなさいね。すみません。まあ、新種でしたが、レプタリアンではありません。

〈候補者⑨が席に着く〉

大川隆法　レプタリアンは、なかなか出てこないですね。やはり、レプタリアンというのは偉《えら》いのでしょう。偉い人以外に、レプタリアンはいないようですよ。（注。候補者①〜⑧のなかに、当会の理事、局長は含《ふく》まれていなかった。）

（両手をかざす。約35秒間の沈黙）違うなあ。

レプタリアンは、地球に来ている宇宙人全体の三割もいないのかな。当会には、やはり入りにくいのでしょうか。率が低いです。

〈候補者⑩が席に着く〉

大川隆法　（両手をかざす。約25秒間の沈黙）この人は食べられていますね。食用動物ないしは食用人間です。何だか、餌《えさ》にされていますね。レプタリアンの餌です。しかし、〝猫《ねこ》〟ではないようです。（注。『宇宙からの使者』第5章では、レプタリアンであるゼータ星人が、猫型宇宙人を食料としていたことが判明している。）

レプタリアンの餌で、猪《いのしし》によく似たスタイルの生き物です。それが元の姿ですが、宇宙人は宇宙人です。宇宙生物です。しかし、レプタリアンの餌です。餌として飼われていたのが、元の姿ですね。レプタリアンではありません。すみません。

レプタリアンは、なかなか出てこないですね。

〈候補者⑪が席に着く〉

大川隆法　（右手をかざす。約30秒間の沈黙）違いますね。

（ここで候補者がいなくなる）

レプタリアンは、大物《おおもの》にしかいないようです。（会場に向かって）もう少し偉い方はどうですか。偉くて、我《が》の強い方《かた》で、誰《だれ》か、立候補しませんか。どうも、普通《ふつう》の職員には、レプタリアンは少ないようです。

誰か推薦《すいせん》はありますか。

（会場から、「では、○○さん」という声）

大川隆法　○○さんは、この前、調べませんでしたか。

（会場から、「まだ、していません」という声）

〈候補者⑫が席に着く〉

大川隆法　（手の甲《こう》を向けた状態で、両手を肩《かた》の辺りまで上げる。約70秒間の沈黙）

うーん……、かなり古い。どこまで行けば……。これは、そうとう古いところまで行かないといけないなあ。今、ずっと昔まで巡《めぐ》っているのですが……。（約10秒間の沈黙）

んっ。惜《お》しくも、宇宙人ではありません。ドゴン人［注2］と会った地球人です。宇宙から来たドゴン人と会った地球人です。

（会場にいたCが、△△の推薦を受けて手を上げる）

では、自覚症状《しょうじょう》のある方で行きましょうか。

C――　誰もいらっしゃらないので……。（Cが席に着く）

大川隆法　この人は△△さんの推薦です。私は考えていなかったのですが、身近で見ている方が、「レプタリアンではないか」と言っているので、本当にそうなのか見てみましょう。

（両手をかざす。約10秒間の沈黙）そうです。当たりです。（会場どよめき）

レプタリアンは、もう、局長以上にしかいません。役職が下のほうの人のなかには、あまりいないようですね。

この人は、先ほどの二人とは性格が違うので、おそらく種類は違うと思います。同じではないと思いますね。さあ、どこからいらっしゃったのかな？

（Cに）では、霊言《れいげん》を試《こころ》みてみますか。

C――　無理だと思います。

大川隆法　無理だろうね。では、私のほうで引き受けます。

（合掌《がっしょう》し、瞑目《めいもく》する）

この者のうちに宿りたる宇宙の魂《たましい》よ。この者のうちに宿りたる宇宙の魂よ。

大川隆法の口を借りて語りたまえ。（約25秒間の沈黙）

「オアンネス」と呼ばれていた水陸両用の宇宙人

魚座の宇宙人　ハハハハハハハハ、ハハハハハハハハ。

D――　質問して、よろしいでしょうか。

魚座の宇宙人　バレたか。ハハハ（会場笑）。せっかく、おとなしく隠《かく》れておったのに。バレたかあ。

D――　ご自身で出てこられましたので。

魚座の宇宙人　ああ、せっかく、おしゃれをして、金星風にやってたんだがなあ（会場笑）。

D――　さっそく質問ですが、星は、先ほどのお二人の方と違いますでしょうか。

魚座の宇宙人　違いますよ。当然でしょう。

D――　どちらの星でしょうか。

魚座の宇宙人　下品な人たちと一緒《いっしょ》にしないでくださいよ。私は、見るからに、もっと上品でしょう?

D――　具体的には、何という星ですか。

魚座の宇宙人　具体的に?　知りたい?

D――　はい。

魚座の宇宙人　うーん。具体的には、魚座という所から来たんです。そして、古代のバビロンに来ました。一万年はたっていないと思います。六、七千年前かねえ。

「オアンネス（Oannes）」と呼ばれていた種類の生き物というか、宇宙人ですね。ほかの宇宙人と間違われる場合があって、たまに混同されているんですが、私たちは、水陸両用なんです。海でも住めるし、陸上にも上がれるタイプなんですよ。

日本では、河童《かっぱ》伝説のもとにもなった

魚座の宇宙人　地球上で言いますと、まあ、山椒魚《さんしょううお》とかにも似ているし、日本では河童《かっぱ》伝説のもとになっている生き物かと思います。水陸両用の生き物として……。

D――　では、日本の河童は、レプタリアンと考えてよろしいのでしょうか。

魚座の宇宙人　レプタリアンですね。レプタリアンだと思います。

D――　ああ。

魚座の宇宙人　ただ、先ほどの二人のレプタリアンほど、凶暴《きょうぼう》ではないでしょう?

D――　凶暴ではない?

魚座の宇宙人　凶暴ではありません。レプタリアンであっても、凶暴ではないものがいるんです。

D――　そうなんですか。

魚座の宇宙人　ええ。水陸両用が特徴《とくちょう》で、性格が温和なレプタリアンなんです。温和ですけど、ちょっと、悪戯《いたずら》をして、やたら馬鹿力《ばかぢから》を出すこともあります。河童伝説のなかには、河童が馬鹿力を出す話がございますでしょう?　河童のくせに何十人力《りき》だとか、お皿の水がこぼれたら力が出なくなったりするとか、そういう話があるでしょう？　あれは、「頭に付いている装置が壊《こわ》れたら、力が急になくなる」ことを意味しているんですけどね。

D――　あれは機械なんですか。

魚座の宇宙人　ええ。機械が付いていたんです。

D――　何の機械でしょうか。エネルギーは何ですか。

魚座の宇宙人　それがね、水を動力源にしているんですよ。水を分解してエネルギーに変える装置を付けています。

D――　そうなんですか。

魚座の宇宙人　水はH_2Oでしょう？　水は水素と酸素が結合してできています。そして、水素は、燃える燃料だから、エネルギーの原料になります。酸素は、それは燃やす材料ですね。だから、水を分解してエネルギー源にしています。

要するに、今、水素で走る車がやっとできてきたでしょう？　水から水素を分離《ぶんり》して、その水素で走る電気自動車とかができてきましたが、あれは〝河童〟なんです。河童の原理なんです。だから、水がないと駄目《だめ》なんです。

私たちは、水をエネルギーに変換《へんかん》する装置を持っています。背中にある、「甲羅《こうら》」と言われている部分が、変換装置になっているんです。

D――　ほお。

魚座の宇宙人　そういう装置を背中に背負っているんですよ。

D――　そうですか。あれは亀《かめ》の甲羅のようなものではなくて機械なんですね？

魚座の宇宙人　ええ。地球人が宇宙に行くと、ボンベなど、いろいろな機械を背負うでしょう？　まあ、あのような感じですね。私たちも、コスチュームに身を包んで、装置を背負っているわけです。

そして、頭の上に、実は水を溜《た》めるものと電極とが付いているんです。だから、その水を取られたり、〝お皿〟を壊されたり割られたりすると、急に力が出なくなるわけです。

D――　死んでしまうわけではない？

魚座の宇宙人　いや、死にはしないけど、普通の人間と同じような力しか出なくなってしまいます。水素エネルギーを使えば、地球でも……。要するに、元いた星と重力が違うので、重力の変換をしなければいけないのです。だから、これは、地球で、力を出すための装置なんですよ。

D――　なるほど。

魚座の宇宙人　これを付けていると、十倍ぐらいの力まで出せます。馬一頭を引きずり込《こ》むぐらいの力が出てくるんですね。

魚が主食の〝ベジタリアン〟系レプタリアン

D――　やや失礼な質問になりますが、食料は何でしょうか。

魚座の宇宙人　食料？　食料はね、魚なんですけど。

Ｄ――　人間は食べていないですね？

魚座の宇宙人　ええ。人間は食べていません。私は平和ですから。だから、ベジタリアンなんです。

Ｄ――　ベジタリアン？

魚座の宇宙人　ベジタリアン系のレプタリアンです。魚を食べるのは、ベジタリアンですよね？　魚はいいんですよね？　主として魚なんですよ。
　日本は魚が多いので、日本にもいたし、元いた、あちらのほうでも……。

D――　魚座ですか。

魚座の宇宙人　いやいや、チグリス・ユーフラテスの魚もよく食べたし、それから、紅海《こうかい》などの海の魚もよく食べましたけどね。

D――　地球に来られた目的は何でしょうか。

魚座の宇宙人　水が多い星なので、「ここだと、非常に食料が豊富で、住みやすいんじゃないかな」と思ったのと、エネルギーと食料の両方が得られるので……。

D――　母星では、食料が減ってきていたのでしょうか。

魚座の宇宙人　いや、そんなことはないんです。宇宙に出るだけの科学技術が手に入ったので、水が多い惑星《わくせい》を探していたところ、まあ、「ちょっと、来てしまった」ということですかねえ。

D――　あなたは、先ほどのレプタリアンとはかなり違いますが、なぜ、レプタリアンという種類のなかに分類されているのでしょうか。

魚座の宇宙人　外見でしょうね。

D――　外見ですか。

魚座の宇宙人　ええ。外見で、そのように言われているんだと思いますね。くちばしが尖《とが》っているところは、先ほどの天狗《てんぐ》さんとよく似ていますし、背中の機械は、亀の甲羅のように見えたりする場合があるし、それから、体は緑色をしています。

足には、爪《つめ》が生えて、水かきがありますし、手にも、爪が生えて、水かきがあります。「水陸両用で、陸上も歩けるけれども、水のなかでも住める」ということで、危険があったら、水のなかに入って逃《に》げます。だから、地球は、水が多くて、非常に楽ですね。砂漠の真ん中に置き去りにされないようにだけ、気をつけなければいけないんですけどね。

力比べが好きだが、レプタリアンのなかでは少数勢力

D――　河童伝説には、子供を川に引きずり込むという話もあります。

魚座の宇宙人　ああ、子供とか……、いや、馬とか、そういうものは、たまに、それは……。

「魚座の宇宙人」想像図

D――　それは、何のためにやるのでしょうか。

魚座の宇宙人　いやあ、それは、ただの悪戯です。

D――　悪戯ですか。

魚座の宇宙人　ええ。食べてはいません。

D――　食べてはいない？

魚座の宇宙人　ええ。食べているのは魚です。

D――　何のために悪戯をしているのでしょうか。

魚座の宇宙人　だから、まあ、スポーツというのがあるじゃないですか。

Ｄ――　スポーツですか。

魚座の宇宙人　ええ。体を鍛《きた》えなければいけないし、力比べが好きなので……。

Ｄ――　なるほど。

魚座の宇宙人　だから、相撲《すもう》を取ったりするのも好きなんですよ。

まあ、日本では、河童のようなものとして知られているけれども、中東のほうでは、半魚人《はんぎょじん》の神様として信仰《しんこう》されているので、扱《あつか》いが少し違いますね。河童信仰と、あちらの半魚人信仰とでは、少し違います。向こうでは、人類の先祖のように思われているので、非常にありがたかったですね。

D――　そうですか。

魚座の宇宙人　まあ、人魚《にんぎょ》と思われたものも一部にはいます。形の違うものがいて、多少、体のデザインが違うんですね。つまり、河童デザイン型と人魚デザイン型があり、魚的な面が強く出ているものもいるんです。鱗《うろこ》があるものもいて、それが人魚と思われたりしています。まあ、女性のほうが多いんですけどね。

そのように、ちょっとだけ種類が違うものがいます。でも、今は、やや絶滅種《ぜつめつしゅ》に近づいています。

D――　今、減ってきているんですか。

魚座の宇宙人　いることはいますが、数はすごく少なくなってきていますね。

D——　では、レプタリアンのなかでは、かなり少数派になるわけですか。

魚座の宇宙人　ちょっと気が弱いので、強いやつらにかなりやられています。

D——　食べられたりはしないんですか。

魚座の宇宙人　そうなんです。やっぱり捕食《ほしょく》されるんですよ。

D——　ああ、そうですか。

魚座の宇宙人　陸上にいるときは、見つかると、やられるのですが、水のなかにいるかぎりは負けません。水のなかに引きずり込んだら、こっちの勝ちなんです。

D――　あなたは、「六、七千年前に地球に来た」ということですが、それ以前にも、同じ種族の方は地球に来られていたのでしょうか。

魚座の宇宙人　おそらく、いただろうと思いますが、歴史上、名前が残っているのは、そのあたりからじゃないかと思われます。私と同じ種族は来ていると思いますね。

　母星では水中都市をつくっており、水中での科学技術に優《すぐ》れている

D――　あなたの星の特徴として、最も進んでいるものは何でしょうか。やはり進化を求めていらっしゃるんですか。

魚座の宇宙人　だから、私たちの星は「水の星」なんですよ。

D――　はい。

魚座の宇宙人　私たちは、水中都市をつくり、主として、水のなかで暮らしているんですね。陸地も少しはあるので、陸地に上がって生活することもありますが、主として、水のなかで生活をしていることが多いのです。

日本の霊界《れいかい》に影響《えいきょう》があるとしたら、竜宮城《りゅうぐうじょう》なんかの霊界をつくるのに影響をしているのではないかなあと思うんですよ。

だから、あれなんですよ、中部正心館《しょうしんかん》にいたとき、夜、仲間がよくやって来て困ったんだ（会場笑）。（注。中部正心館は浜名湖畔《はまなこはん》に建つ幸福の科学の研修施設《しせつ》であり、Cは以前そこで館長を務めていた。）

D――　あそこには、やはり、かなりの数の仲間がいらっしゃったんですか。

魚座の宇宙人　ええ。いたんですよ。あの辺は、仲間がたくさん住んでいたんです。

D――　では、夜に交流していらっしゃった？

魚座の宇宙人　そうなんですよ。夜は、仲良く付き合っていたんですよ。

D――　それは、「霊的に交流していた」ということでしょうか。

魚座の宇宙人　そうですね。よく指導霊もしてくれて、私が祈願導師《きがんどうし》をしていると、後ろから力を加えてくれました。普通の人間の十倍のパワーを与《あた》えてくれたりしていましたね。

D――　浜名湖がやはり最も多いんですか。河童は？

魚座の宇宙人　いやいや、そんなことはありません。いろいろな所にいるんですよ。

D――　海にはいますか。

魚座の宇宙人　ええ。いろいろな所に。

私たちは、金星人にもよく似ていて、美術的センスは優《すぐ》れているんですよ。だから、意外に、景色のいい所でないと住まないのです。風光明媚《めいび》な所を好む癖《くせ》があります。

D――　なるほど、そうですか。

魚座の宇宙人　ええ。

D――　凶暴性というか、戦闘性《せんとうせい》のような性格はあるのでしょうか。

魚座の宇宙人　あのね、いざというときには、ボロクソ力を出しますから、馬でも引きずり込みます。相撲を取って投げ飛ばしたりするのが得意な体質で、ものすごい力が出るところがありますので、まあ、そういう意味では戦闘性はありますね。

ただ、生《なま》の力で戦う場合と、先ほど言ったようなエネルギー変換装置にはエネルギー増幅《ぞうふく》機能もあるので、それを使って強くなっている場合と、両方ございます。

あと、UFOも少し来ていますが、ほとんどが、水中基地を持っていますね。深い湖のなか、もしくは海中に基地があります。

D――　科学技術の進化度合いは、いかがでしょうか。

魚座の宇宙人　そうですねえ。主として水のなかでは、今の地球人が持っていないような、すごく優れた技術をそうとう持っているので、おそらく、未来社会においては、海底の開発、海のなかの開発等について、そうとうな力を出せると思いますね。海水に含まれる金《きん》や鉄やマグネシウム等の成分を選《よ》り分けていく力や、あるいは、海底の砂のなかから、さまざまな鉱産物を吸い出していき、いろいろなものの材料にする力などには非常に優れたものがあります。これは、未来において、役に立つのではないかと思います。

D――　はい、ありがとうございます。それでは、質問者を替《か》わります。

エンリル系から滅《ほろ》ぼされかかり、エル・カンターレ系に保護を求めた

E――　あなたは、「六、七千年前に地球に来た」ということですが、エル・カンターレへの信仰を持つに至った経緯《けいい》について教えていただければと思います。

魚座の宇宙人　ええ。海から、というか、川かな？　海から川へ行って、チグリス・ユーフラテス川から、当時の世界都市であるバビロンのほうに上がっていって、いちおう、神として崇《あが》められ始めたのは、そのとおりです。

私たちは、地球人に、いろいろなものを教えたんですよ。文字とか、数学とか、天文とか、宇宙の知識をそうとう教え、文明の進化に寄与《きよ》したつもりでいるんです。

うーん、ただ、「宇宙人を神とする思想」と「地球にいる神を神とする思想」とが、ぶつかってきて、われらを神として崇めていたときに、地球にいる、ある神様が怒《おこ》り始めたのです。そして、「邪《じゃ》信仰をしているやつらは許せない」と言って、

大洪水《だいこうずい》を起こし、押《お》し流してしまったことがあります。もちろん、われらは、水のなかは平気なので何ともなかったのですが、人間のほうはやられてしまいましたね。神様のなかには、あんな悪いことをするレプタリアンもいるんですねえ。「そんなに海が好きなら、おまえらは海のなかに住め！」と言われ、洪水を起こされてしまってね。

Ｅ――　はあ。

魚座の宇宙人　そうなんですよ。それで、われわれへの信仰が奪《うば》われたんですよ。そのときに、預言者がいて、人類を助けたりしたんです。その大洪水から人類を助けた預言者が、確かエル・カンターレの送った使者だったと思うんですよ。

そして、洪水を起こしたのは、エンリルのほうです。エンリルは、「自分がレプタリアンの長《ちょう》だ」と信じている人だと思うんですが、この人が、「水棲《すいせい》動物系レプタリアンを神として信じるような邪教は許さない。天罰《てんばつ》を下《くだ》す」ということで、大洪水を起こし、人家を押し流してしまったのです。

しかし、それを予知してノアの一族等を助けた預言者がいました。それが、エル・カンターレの送り込んだ使者だったんですね。

D―― その方はエンキでしょうか。

魚座の宇宙人 エンキ。そうですね。エル・カンターレ系の者がいて、助けたんですよ。

そのときに、信仰として、「エル・カンターレへの信仰」というものがあり、われわれを信じていた人たちを助けてくれたので、そのお礼というか、ちょっと縁《えん》が付いたというか、それからあと、信仰するようになったのです。

そのように、「われわれは、やや弱小系で圧迫《あっぱく》されていたので、エンリル系から身を護《まも》るために、エル・カンターレ系のほうに保護を求めていった」という歴史がございますね。レプタリアンのなかだけで生きていたら、滅《ほろ》ぼされるおそれが強いので、エル・カンターレ系へ行ったわけです。

天変地異的なものを鎮《しず》めることに力を発揮してきた

魚座の宇宙人　ただ、「水棲動物だからバカだ」と思ってはいけません。イルカの知能は、人間の子供と変わらないでしょう？　だから、同じように、非常に高い知能を持っているわけです。

たまたま、今、陸上で文明が発達しているだけであって、水中で文明が発達するようになれば、私たちは非常に優れた種族になるんですよ。だから、水が好きなんです。未来のエネルギー開発とか、未来の産業開発とかには非常に役に立つと私は思いますよ。

D――　そうですね。

E――　信仰を持たれて以降、エル・カンターレ系のなかでは、どういう方面で貢《こう》献《けん》してこられたのでしょうか。

魚座の宇宙人　そうですね、まあ、貢献はゼロでしょうけれども、あえて言えば、調和のエネルギーとして役に立ってきたところがあるんですよ。

つまり、何と言いますかね、うーん、日本神道《しんとう》系の神様とかには、風、雨、雷《かみなり》、嵐《あらし》等を多用されるところがございますが、こういうものを鎮《しず》めて、大調和の世界をつくるというか、まあ、そういう、竜宮界的な調和の世界、平和な、ピースフルな世界をつくる者もいるんですよ。

そのようなところで、私たちは外護していたということです。要するに、「天変地異的なものにお鎮まりをかける」というところで、陰《かげ》ながら力を発揮していたわけです。そういう意味で、縁の下の力持ちであったかなと思います。だから、陰で救った人類の数は、本当は数多くおりますね。

祈願《きがん》によって結果を引き寄せる秘術を持っている

E――　レプタリアンの方は、どなたも、自分のことを「進化の神」とおっしゃるのですが、それと「大調和の世界をつくる」ということとは、一見、矛盾《むじゅん》するようにも思えます。

魚座の宇宙人　だからねえ、大調和でも、全部が全部、大調和ではないところがあります。やはり、力比べとかが好きなところがあるし、人の能力を試すのが好きなところもありますからね。「どちらが強いか弱いか、力比べしようか」というようなところがあって、天狗さんと相撲を取ることもあるんです。

まあ、「天狗の世界と仙人《せんにん》の世界のどちらか」というと、先ほどの方（アルタイル星人）が、どちらかと言えば、天狗だとすると、私ども、天狗と相撲を取っているのは、やや仙人のほうに近いかもしれませんね。仙人というのは、山のなかの、峡谷《きょうこく》や川があるような所によく住んでいるので、日本の霊界で言えば、やや仙人のほうに近いかもしれません。

仙人も、霊力というか、霊術や秘術を使いたがりますから、その意味では、競争もするし、進化も多少やります。やはり、われわれも、霊術や秘術は求めていたし、開発をしていたし、研鑽《けんさん》を続けていましたのでね。

あなた（E）は、仏教的な念力系だと思うけれども、私も、別の意味での霊術を持っているんですよ。つまり、祈願力《きがんりょく》のようなものを持っていて、「祈願で天を動かす」というか、「天上界《てんじょうかい》の神々を動かす」というか、そういう力を持っているんです。一種の願望実現の力が非常に強いので、その意味では、進化に寄与していると言えます。要するに、「調和のなかにある進化」でしょうかね。

だから、願望実現のようなものは、私がやると、ものすごく効《き》きます。自分で努力するのは、そんなに好きではないんですけど、「『願望を実現する』『祈願によって結果を引き寄せる』という秘術を、仙人パワー風に持っている」というところでしょうかね。そういう意味では、「進化の神である」というのは同じではないでしょうか。

ただ、勢力的にはやや弱小というか、押されていることは間違いないですね。

レプタリアンが信仰に目覚めるために

E――　あなたからご覧になられて、ほかの種類のレプタリアンが信仰心を持つようになるためには、どうしたらよいと思いますか。

魚座の宇宙人　うん。やっぱり「負ける」ことが大事だと思いますね。負けないかぎりは反省しないのです。

みな、自分が天狗になっているというか、もう、「自分が世界一だ」と思っています。最初の人（ゼータ星人）は、「帝王《ていおう》だ」とか、「エリートだ」とか言っていましたし、次の人（アルタイル星人）も、「私のほうが優れていて、空を支配している」というようなことを一生懸命《いっしょうけんめい》、自慢《じまん》していたでしょう？　自慢しないのは私ぐらいですよ（会場笑）。

レプタリアンは、だいたい、「競争」と「自慢」が基本でしょうから、やはり、もう少し謙虚《けんきょ》になることが、信仰心を持つ早道かと思われます。それは、天狗さんが高転びしなければ反省しないのと一緒ですよ。

あとは、私みたいな者が水のなかに引きずり込んで、溺《おぼ》れさせてしまえば、天狗は、もう力がなくなります。天狗なんて、水のなかに引きずり込んだら、何もできなくなりますのでね。羽を濡《ぬ》らしてしまったら、飛べなくなって、溺れるんですよ。

だから、水のなかに引きずり込んだら、こっちの勝ちです。空中では負けますけど、水のなかではこちらが強いのです。〝キングコング〟だって、水のなかでは溺れるので、水のなかに引きずり込めば、こちらの勝ちですね。

まあ、そういう意味で、場所を変えれば、こちらが強いことだってあるけれども、一般的《いっぱんてき》には、あちらのほうが、やや優勢ではあります。

結局、努力しないで願望を実現するところが、能力的にいちばん発達しているので、私の所で祈願を受ければ、いちばん叶《かな》いやすいということです。「ほかの所よりは、私が導師あるいは館長等をやっている所のほうが、よく効きますよ」ということですね。

D――　はい、ありがとうございました。あと、ご本人から何かありますか。

ゼータ星人が「陸軍」で、アルタイル星人が「空軍」なら、私は「海軍」

魚座の宇宙人　（Cに）ショック？

C――　いえいえ、大丈夫です。河童のような私でございますが……。

魚座の宇宙人　河童ではないんですが。

C――　今世《こんぜ》、私は、どのような使命を持って、地上に生まれてきたのでしょうか。もし、「『このように仏のお役に立とう』と思って出てきた」ということがございましたら、お教えください。

魚座の宇宙人　やはり個性の強い方がとても多く、そのままだと内戦状態がいつも起きるので、まあ、それを水のなかで調和させるような感じでしょうか。そのようにして、〝竜宮城〟に変えるわけですね。

総合本部だって、気をつけないと、すぐ内戦状態になるので、それを、「水のごとく包み込み、平和ならしめる」というか、結び付ける力というのが、役割でしょうかね。そういうところかと思います。

ただ、外見上は、伝説の河童そのものではありません。あれは、「そういうスタイルをとる場合がある」ということであって、本当は変化形が幾《いく》つかございます。体をいろいろ変化させられるので、水中に適した変化形というのが多少あるのです。

今は、もう、そういう肉体が、なかなか手に入らなくなってきているので、仲間のほとんどは霊界にいて、地上に生まれるときは、人間として生まれていますけれども ね。

まあ、基本は、両生類的なもので、水陸両用だということです。だから、Sさんみたいなものに、ちょっと親近感を感じるところがあります。親近感を私は感じています。はい。（注。Sは、以前の霊査で、イボガエル型の金星人であったことが判明している。『宇宙人リーディング』第1章参照。）

D――　最後に、先ほど登場された〝陸軍大将〟〝空軍大将〟などをまとめる秘策は、何かお持ちでしょうか。

魚座の宇宙人　さっきの方が〝陸軍〟と〝空軍〟で、私は〝海軍〟ですよね。だから、陸・海・空と三軍が揃《そろ》って、防衛としては十分です。強気なんです。自分で、「エリートだ」と思っているんですよ。

D――　はい。〝陸軍〟〝空軍〟と、どのように調和していけばよいのでしょうか。

魚座の宇宙人　まあ、彼らには、敵が出てきますからね。戦う相手が出てくるので、だから……。

D――　共通の敵？

魚座の宇宙人　ええ。外敵が現れてくるからね。そして、敗れることで、謙虚になる。だから、〝帝王〟だって、得票数を減らしたら、小さくなるしかないでしょう？　ねえ。「〝キングコング〟は、体長が二十メートルあった」と言いたいところが、五メートルに縮んだりするわけですよ。そういうことがあります。

とにかく〝陸・海・空〟が揃ったということで、教団は今、盤石《ばんじゃく》の体制に入っています。

D――　はい。ありがとうございました。以上とさせていただきます。

［注1］ニビル星は、太陽系でまだ発見されていない最後の惑星《わくせい》である。かつて金星において高度な文明が発達したが、火山の大爆発《ばくはつ》に伴《ともな》い生存が困難になったため、一部の金星人は他の星に移住した。ニビル星には、そのときに逃れた金星人たちが数多く住んでいるという。『「宇宙の法」入門』参照。

［注2］ドゴン人は、シリウスの近くにある星から来ている宇宙人で、体の色は青く、直立するキツネに似た姿をしている。彼らはレプタリアンから侵略《しんりゃく》されたため、星を脱出《だっしゅつ》し、地球に飛来した。アフリカのドゴン族は、ドゴン人の末裔《まつえい》である。『「宇宙の法」入門』第2章、『宇宙からのメッセージ』第4章参照。

『レプタリアンの逆襲Ⅰ』大川隆法著作関連書籍

『太陽の法』（幸福の科学出版刊）
『「宇宙の法」入門』（同右）
『宇宙人との対話』（同右）
『宇宙人リーディング』（同右）
『宇宙からのメッセージ』（同右）
『宇宙からの使者』（同右）

レプタリアンの逆襲《ぎゃくしゅう》 I　――地球の侵略者か守護神か――

2011年6月17日　初版第1刷

著　者　　大《おお》川《かわ》隆《りゅう》法《ほう》

発行所　　幸福の科学出版株式会社

〒142-0041 東京都品川区戸越1丁目6番7号
TEL(03)6384-3777
http://www.irhpress.co.jp/

印刷・製本　株式会社 堀内印刷所

落丁・乱丁本はおとりかえいたします

ISBN978-4-86395-134-1 C0014
Photo: ©laxmi-Fotolia.com
Illustration: 水谷嘉孝

大川隆法ベストセラーズ・人生の目的と使命を知る

太陽の法

エル・カンターレへの道

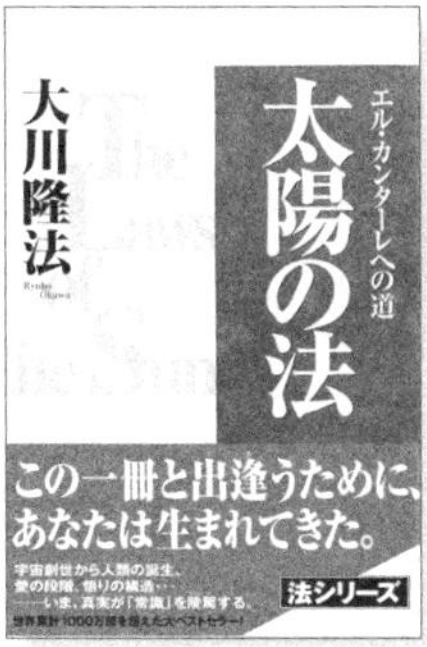

創世記や愛の段階、悟りの構造、文明の流転を明快に説き、主エル・カンターレの真実の使命を示した、仏法真理の基本書。

2,000円

黄金の法

エル・カンターレの歴史観

歴史上の偉人たちの活躍を鳥瞰しつつ、隠されていた人類の秘史を公開し、人類の未来をも予言した、空前絶後の人類史。

2,000円

永遠の法

エル・カンターレの世界観

『太陽の法』（法体系）、『黄金の法』（時間論）に続いて、本書は、空間論を開示し、次元構造など、霊界の真の姿を明確に解き明かす。

2,000円

幸福の科学グループのご案内

宗教、教育、政治、出版などの活動を通じて、地球的ユートピアの実現を目指しています。

宗教法人　幸福の科学

一九八六年に立宗。一九九一年に宗教法人格を取得。信仰の対象は、地球系霊団の最高大霊、主エル・カンターレ。世界約八十カ国に信者を持ち、全人類救済という尊い使命のもと、信者は、「愛」と「悟り」と「ユートピア建設」の教えの実践、伝道に励んでいます。

（二〇一一年六月現在）

公式サイト
http://www.happy-science.jp

愛

幸福の科学の「愛」とは、与える愛です。これは、仏教の慈悲や布施の精神と同じことです。信者は、仏法真理をお伝えすることを通して、多くの方に幸福な人生を送っていただくための活動に励んでいます。

悟り

「悟り」とは、自らが仏の子であることを知るということです。教学《きょうがく》や精神統一によって心を磨き、智慧《ちえ》を得て悩みを解決すると共に、天使・菩薩の境地を目指し、より多くの人を救える力を身につけていきます。

ユートピア建設

私たち人間は、地上に理想世界を建設するという尊い使命を持って生まれてきています。社会の悪を押しとどめ、善を推し進めるために、信者はさまざまな活動に積極的に参加しています。

国内外の世界で貧困や災害、心の病で苦しんでいる人々に対しては、現地メンバーや支援団体と連携して、物心両面に渡り、あらゆる手段で手を差し伸べています。

年間３万人を超える自殺者を減らすため、全国各地で街頭キャンペーンを展開しています。

公式サイト
http://www.withyou-hs.net/

ヘレン・ケラーを理想として活動する、ハンディキャップを持つ方とボランティアの会です。視聴覚障害者、肢体不自由な方々に仏法真理を学んでいただくための、さまざまなサポートをしています。

公式サイト
http://www.helen-hs.net/

INFORMATION

お近くの精舎・支部・拠点など、お問い合わせは、こちらまで！

幸福の科学サービスセンター

TEL. 03-5793-1727 （受付時間 火～金：10～20時／土・日：10～18時）

幸福の科学グループサイト http://www.hs-group.org/

教育

学校法人 幸福の科学学園

幸福の科学学園中学校・高等学校は、幸福の科学の教育理念のもとにつくられた学校です。人間にとって最も大切な宗教教育の導入を通じて精神性を高めながら、ユートピア建設に貢献する人材輩出を目指しています。

幸福の科学学園
中学校・高等学校（男女共学・全寮制）
2010年4月開校・栃木県那須郡

TEL 0287-75-7777
公式サイト
http://www.happy-science.ac.jp/

関西校（2013年4月開校予定・滋賀県）
幸福の科学大学（2016年開学予定）

仏法真理塾「サクセスNo.1」

小・中・高校生が、信仰教育を基礎にしながら、「勉強も『心の修行』」と考えて学んでいます。

TEL 03-5750-0747（東京本校）

不登校児支援スクール「ネバー・マインド」

心の面からのアプローチを重視して、不登校の子供たちを支援しています。

NPO 活動支援

学校からのいじめ追放を目指し、さまざまな社会提言をしています。また、各地でのシンポジウムや学校への啓発ポスター掲示等に取り組むNPO「いじめから子供を守ろう！ネットワーク」を支援しています。

公式サイト **http://mamoro.org/**
ブログ **http://mamoro.blog86.fc2.com/**
相談窓口 **TEL.03-5719-2170**

政治

幸福実現党

内憂外患《ないゆうがいかん》の国難に立ち向かうべく、二〇〇九年五月に幸福実現党を立党しました。創立者である大川隆法党名誉総裁の精神的指導のもと、宗教だけでは解決できない問題に取り組み、幸福を具体化するための力になっています。

党員の機関紙
「幸福実現News」

TEL 03-3535-3777
公式サイト
http://www.hr-party.jp/

出版
メディア
事業

幸福の科学出版

大川隆法総裁の仏法真理の書を中心に、ビジネス、自己啓発、小説など、さまざまなジャンルの書籍・雑誌を出版しています。他にも、映画事業、文学・学術発展のための振興事業、テレビ・ラジオ番組の提供など、幸福の科学文化を広げる事業を行っています。

TEL 03-6384-3777
公式サイト
http://www.irhpress.co.jp/

入会のご案内

あなたも、幸福の科学に集い、
ほんとうの幸福を
見つけてみませんか？

幸福の科学では、大川隆法総裁が説く仏法真理をもとに、
「どうすれば幸福になれるのか、また、
他の人を幸福にできるのか」を学び、実践しています。

入会

大川隆法総裁の教えを学ぼうとする方なら、どなたでも入会できます。入会された方には、『入会版「正心法語」』が授与されます。（入会の奉納は1,000円目安です）

ネットでも**入会**
できます。詳しくは、
下記URLへ。
http://www.hs-group.org/

三帰《さんき》誓願《せいがん》

仏弟子としてさらに信仰を深めたい方は、仏・法・僧の三宝への帰依を誓う「三帰誓願式」を受けることができます。三帰誓願者には、『仏説・正心法語』『祈願文①』『祈願文②』『エル・カンターレへの祈り』が授与されます。

植福《しょくふく》の会

植福は、ユートピア建設のために、自分の富を差し出す尊い布施の行為です。布施の機会として、毎月1口1,000円からお申込みいただける、「植福の会」がございます。

「植福の会」に参加された方のうちご希望の方には、幸福の科学の小冊子（毎月1回）をお送りいたします。詳しくは、下記の電話番号までお問合せいただくか、宗教法人幸福の科学の科学公式サイトをご確認ください。

月刊
「幸福の科学」

ザ・伝道

ヤング・ブッダ

ヘルメス・
エンゼルズ

INFORMATION	幸福の科学サービスセンター **TEL. 03-5793-1727**（受付時間 火～金：10～20時／土・日：10～18時） 宗教法人 幸福の科学公式サイト **http://www.happy-science.jp**